한국사 대모험 사전 ①

한국사 대모험
설민석의 고사성어사전 찾아라?!

원작 | 한국사 대모험   감수 | 단꿈아이

고사성어 88개

좌충우돌!   온고지신!!

설쌤이 알려 주는 **역사** 고사성어
온달이 알려 주는 **지혜** 고사성어
평강이 알려 주는 **마음** 고사성어
로빈이 알려 주는 **상황** 고사성어

서울문화사

들어가기

역사 바보인 온달을 역사 천재로 만들기 위한 특급 프로젝트!
타임슬립으로 위인을 만나는 역사 대모험!

설쌤
용의 송곳니를 갈아 만든 분필로 시간 여행을 하는 능력자! 평강 공주가 선택한 온달을 부마로 만들기 위해 고사성어를 가르쳐 줍니다.

온달
귀여운 외모를 가졌지만 역사 바보! 설쌤과 역사 여행을 하며 고사성어를 배워 나갑니다.

평강
한국사에 관심이 많은 고구려의 공주! 온달이 부마로 인정받을 수 있도록 함께 역사 여행을 떠납니다.

엑스맨
역사 속 위인들의 업적을 가로채 위인이 되고자 하는 악당!

로빈
위기의 순간에 나서 설쌤과 친구들을 지키는 용감한 강아지!

이 책의 구성

- 초등학생이 알아야 할 **88개의 고사성어**를 주제별로 구성했어요.
- **한자의 속뜻**을 알면 고사성어를 쉽게 이해할 수 있어요.
- 전광진 교수님이 쓴 **『우리말 한자어 속뜻사전』**을 참고했어요.

❶ 『우리말 한자어 속뜻사전』의 속뜻과 풀이를 따랐어요.

❸ 고사성어를 표현한 그림에서 숨은 그림을 찾아요.

❷ 설쌤과의 대화에서 고사성어의 유래, 비슷한 속담 등을 알 수 있어요.

❹ 고사성어를 소리 내어 읽으며 써 보아요.

❺ 미로 찾기, 고사성어 찾기 등 재미있는 놀이가 있어요!

차례

들어가기 … 2   이 책의 구성 … 3

1장 설쌤이 알려 주는 역사 고사성어 6

각주구검 8	결초보은 10	과유불급 12	군계일학 14
난형난제 16	다다익선 18	대기만성 20	마이동풍 22
망연자실 24	무릉도원 26	삼고초려 28	새옹지마 30
안하무인 32	어부지리 34	오리무중 36	일거양득 38
자포자기 40	조삼모사 42	청출어람 44	함흥차사 46

2장 온달이 알려 주는 지혜 고사성어 50

고진감래 52	권선징악 54	근묵자흑 56	금석지교 58
동고동락 60	동상이몽 62	박학다식 64	붕우유신 66
사필귀정 68	설상가상 70	소탐대실 72	역지사지 74
온고지신 76	유비무환 78	유유상종 80	이열치열 82
일취월장 84	일희일비 86	자업자득 88	죽마고우 90
천고마비 92	팔방미인 94		

평강이 알려 주는 마음 고사성어 98

가담항설 100   감언이설 102   감지덕지 104   극악무도 106
금시초문 108   기상천외 110   내유외강 112   노발대발 114
노심초사 116   단도직입 118   대성통곡 120   동문서답 122
박장대소 124   설왕설래 126   유구무언 128   이구동성 130
이심전심 132   일편단심 134   자화자찬 136   좌불안석 138
중구난방 140   학수고대 142   희로애락 144

로빈이 알려 주는 상황 고사성어 148

개과천선 150   경거망동 152   고군분투 154   구사일생 156
금의환향 158   기고만장 160   동분서주 162   문전성시 164
백전백승 166   비일비재 168   살신성인 170   속수무책 172
승승장구 174   시종일관 176   십중팔구 178   우왕좌왕 180
우유부단 182   위기일발 184   인과응보 186   일석이조 188
작심삼일 190   좌충우돌 192   호의호식 194

정답 … 198   **찾아보기 … 208**

각주구검	다다익선	삼고초려	일거양득
결초보은	대기만성	새옹지마	자포자기
과유불급	마이동풍	안하무인	조삼모사
군계일학	망연자실	어부지리	청출어람
난형난제	무릉도원	오리무중	함흥차사

1장 설쌤이 알려 주는 역사 고사성어

각주구검

 새길 각
 배 주
 구할 구
 칼 검

무슨 뜻일까요?

속뜻 강물에 칼을 빠뜨린 곳을 배에 표시해 두었다가 칼을 찾으려고 함.
어리석고 미련함을 비유하여 이르는 말이에요. 융통성 없이 현실에 맞지 않는 낡은 생각을 고집하는 어리석음을 뜻해요.

설쌤과 알아보자!

어떻게 만들어진 말이에요?

초나라 사람이 배를 타고 놀다가 칼을 물에 떨어뜨려서, 그 위치를 배에 표시해 두었대. 배가 움직이는 것은 생각하지 않고, 배의 표시를 보고 칼을 찾으려 했다는 이야기에서 만들어진 말이야.

어리석고 미련한 모습을 보고 **각주구검**이라 말하게 되었군요!

부채, 만년필, 화분 찾아라!

1장 역사

앗, 칼이 떨어졌다!

떨어진 위치를 배에 표시해 두고, 배가 멈추면 칼을 찾자.

각주구검 이구나….

온달이 온달했멍.

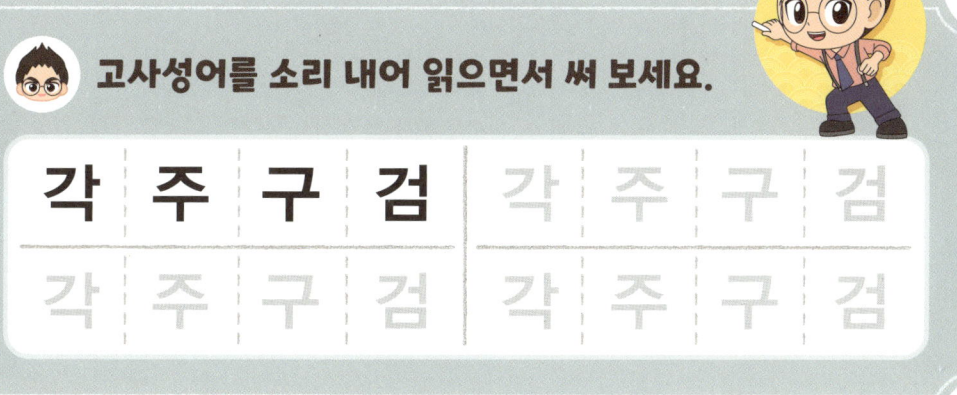

고사성어를 소리 내어 읽으면서 써 보세요.

| 각 | 주 | 구 | 검 | 각 | 주 | 구 | 검 |
| 각 | 주 | 구 | 검 | 각 | 주 | 구 | 검 |

9

결초보은

 맺을 결　 풀 초　 갚을 보　 은혜 은

 **무슨 뜻일까요?**

 풀을 묶어 은혜를 갚음.

죽어 혼령이 되어도 은혜를 잊지 않고 갚음을 의미해요. 남의 은혜에 깊이 감사할 때 하는 말이에요.

 어떻게 만들어진 말이에요?

진나라의 장수 위과는 전투 중 목숨이 위태로운 상황에 처하게 되었대. 그런데 싸우던 상대가 묶여 있는 풀에 걸려 넘어져 이길 수 있었어. 그날 밤 위과의 꿈에 한 노인이 나타나 과거의 일에 은혜를 갚은 것임을 설명해 주었다고 해.

 상대에게 깊이 감사하는 마음을 표현할 때 **결초보은**하겠다고 말할 수 있겠네요!

컵, 우산, 종이배 찾아라!

1장 역사

> 앗, 풀이 묶여 있잖아!

고사성어를 소리 내어 읽으면서 써 보세요.

결초보은

과유불급

 지나칠 과　 같을 유　 아닐 불　 미칠 급

설쌤과 알아보자!

 무슨 뜻일까요?

속뜻 지나침은 미치지 못함과 같음.

정도가 지나치면 미치지 못한 것과 같다는 뜻으로, 중용이 중요함을 이르는 말이에요. 중용이란 지나치거나 모자라지 않고, 한쪽으로 치우치지도 않은 상태나 정도를 의미해요.

어떻게 만들어진 말이에요?

옛날에 자공이 공자에게 "자장과 자하 중 누가 현명합니까?"라고 물었어. 공자가 "자장은 지나치고 자하는 미치지 못한다. 지나침은 못 미침과 같다."라고 대답했대. 이 대화에서 만들어진 말이야.

항상 **과유불급**을 기억해서 지나치거나 모자라지 않도록 노력해야겠어요.

도끼, 아이스크림, 바지 찾아라!

1장 역사

*허준 선생님, 살려줘요~.

과유불급이라 하였어. 지나치거나 모자라지 않도록 노력해야 한단다.

어휴, 점심을 과하게 먹더라.

*허준: 조선 시대 의학자로, 의학서 <동의보감>의 저자.

고사성어를 소리 내어 읽으면서 써 보세요.

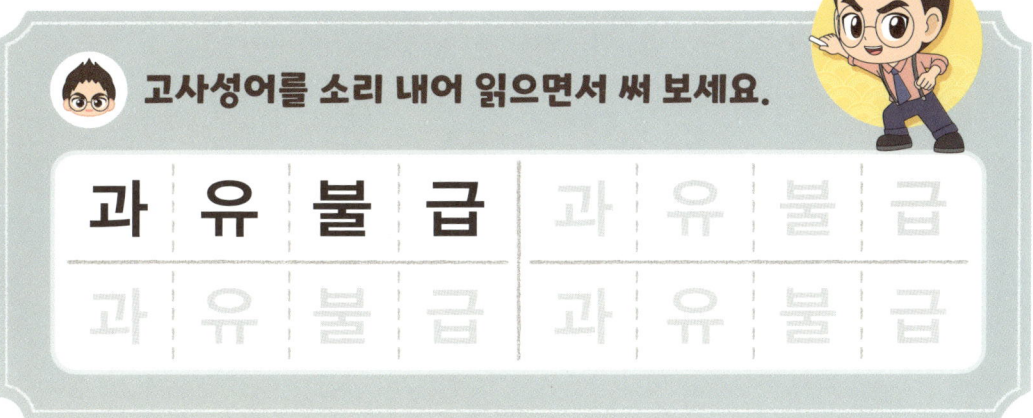

과	유	불	급	과	유	불	급
과	유	불	급	과	유	불	급

군계일학

 무리 군
 닭 계
 한 일
 두루미 학

설쌤과 알아보자!

무슨 뜻일까요?

속뜻 닭의 무리 가운데 있는 한 마리의 학.
많은 사람 가운데서 뛰어난 인물을 비유하여 이르는 말이에요.

어떻게 만들어진 말이에요?

옛날에 혜소라는 자가 있었어. 혜소는 총명했지만 아버지가 죄인이라 벼슬에 나가지 못했어. 어느날 혜소가 황제를 만나러 궁궐에 가는 모습을 보고 누군가 이렇게 말했대. "혜소는 닭의 무리 속에 있는 한 마리의 학과 같구나."
이후 혜소는 신하가 되어서 올곧게 처신하고 황제를 잘 보필했대.

혜소처럼 눈에 띄게 뛰어난 사람을 보면 "**군계일학**이구나."라고 말하면 되겠네요!

모종삽, 셔틀콕, 조각 피자 찾아라!

1장 역사

역시 내 신랑감이야. 온달이가 눈에 띄네. **군계일학**이야!

고사성어를 소리 내어 읽으면서 써 보세요.

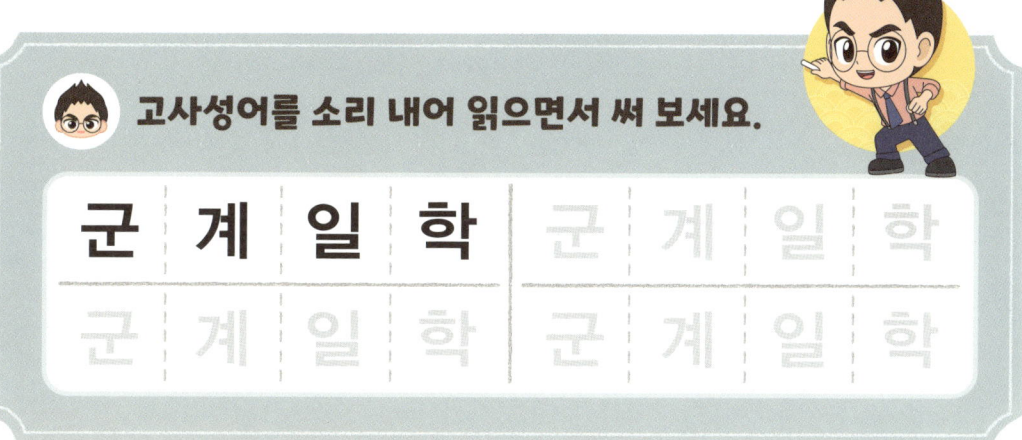

| 군 | 계 | 일 | 학 | 군 | 계 | 일 | 학 |
| 군 | 계 | 일 | 학 | 군 | 계 | 일 | 학 |

난형난제

難 어려울 난　兄 맏 형　難 어려울 난　弟 아우 제

무슨 뜻일까요?

속뜻 형이 낫다고 하기도 어렵고, 동생이 낫다고 하기도 어려움.

누가 더 낫다고 할 수 없을 정도로 둘이 서로 비슷함을 의미해요.

어떻게 만들어진 말이에요?

옛날에 사촌 형제가 서로 자신의 아버지가 뛰어나다고 다투었어. 계속 다투어도 결론이 나지 않자 할아버지를 찾아가 누가 나은지 물었지. 할아버지는 "품성이나 학문에서 형을 형이라 하기도 어렵고, 아우를 아우라 하기도 어렵구나."라고 답하셨다고 해.

누가 더 뛰어난지 정하기 어려울 때 **난형난제**라고 하면 되겠네요!

설쌤과 알아보자!

1장 역사

도끼, 바늘, 세잎 클로버 찾아라!

로빈, 네가 끼어들어서 엑스맨을 놓쳤잖아!

왈왈~

만두에 정신 팔린 게 누군데?

어휴, **난형난제**구나~.

고사성어를 소리 내어 읽으면서 써 보세요.

난	형	난	제	난	형	난	제
난	형	난	제	난	형	난	제

다다익선

| 많을 다 | 많을 다 | 더할 익 | 좋을 선 |

 무슨 뜻일까요?

 속뜻 많으면 많을수록 더욱 좋음.
많을수록 더욱더 좋음을 의미해요.

 설쌤과 알아보자!

 어떻게 만들어진 말이에요?

중국 한나라의 유방이 장수 한신에게 "얼마나 많은 군대를 거느릴 수 있겠는가?"라고 물었어. 한신은 "병사의 수가 많으면 많을수록 좋습니다."라고 대답했다고 해. 이 대화에서 만들어진 말이야.

 밥을 많이 먹고 싶을 때 **다다익선**이라고 대답하면 되겠네요!

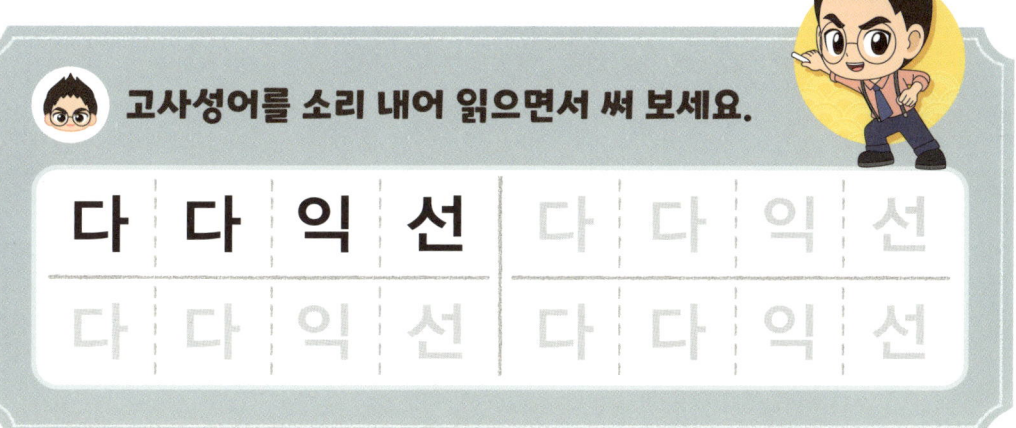

고사성어를 소리 내어 읽으면서 써 보세요.

| 다 | 다 | 익 | 선 | 다 | 다 | 익 | 선 |
| 다 | 다 | 익 | 선 | 다 | 다 | 익 | 선 |

1장
역사 고사성어

대기만성

大 큰 대　器 그릇 기　晚 늦을 만　成 이룰 성

무슨 뜻일까요?

속뜻 큰 그릇을 만드는 데는 시간이 오래 걸려 늦게 이루어짐.

크게 될 사람은 성공이 늦음을 의미하는 말이에요.
큰 사람이 되기 위해서는 많은 노력과 성공이 필요해요.

어떻게 만들어진 말이에요?

삼국 시대 위나라에 최염이라는 장군이 있었어. 최염의 사촌 동생 최림은 출세가 늦어 무시를 당했지만, 최염은 그의 재능을 알고 이렇게 말했대.
"큰 종이나 큰 솥은 쉽사리 만들어지는 것이 아니다. 큰 인물도 성공하는 데 오랜 시간이 걸리는 법이다."

원하는 결과를 얻지 못해 아쉬워하는 친구에게 "너는 분명 **대기만성**할 거야!"라고 위로할 수 있겠어요.

당근, 반지, 단검 **찾아라!**

1장 역사

"온달이가 언제쯤 역사에 대해 관심을 갖게 될까요?"

"크게 되려면 오랜 시간이 걸리죠. 온달이는 **대기만성** 할 거예요."

고사성어를 소리 내어 읽으면서 써 보세요.

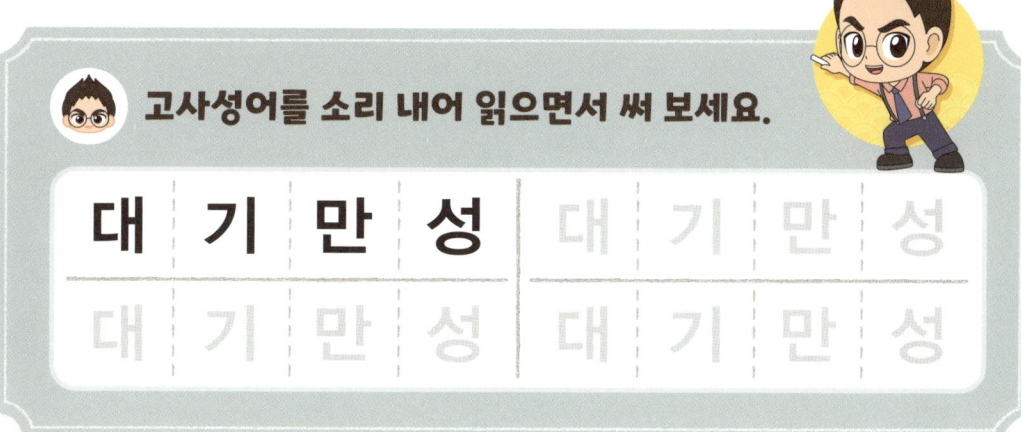

| 대 | 기 | 만 | 성 | 대 | 기 | 만 | 성 |
| 대 | 기 | 만 | 성 | 대 | 기 | 만 | 성 |

마이동풍

무슨 뜻일까요?

속뜻 말의 귀에 동풍이 불어도 아랑곳하지 아니함. 남의 말을 귀담아듣지 않고 지나쳐 흘려버림을 비유하여 이르는 말이에요.

어떻게 만들어진 말이에요?

중국의 시인 이백은 좋은 시를 열심히 써도 사람들이 알아 주지 않자 슬퍼하며 친구에게 편지를 썼어. "세상 사람들이 우리의 말을 듣지 않으니 마치 말의 귀에 동풍이 부는 것과 같구나."라는 편지의 구절에서 유래한 말이야.

다른 사람의 말을 열심히 듣지 않을 때 **마이동풍**이라고 말할 수 있겠네요!

부메랑, 김밥, 달팽이 찾아라!

1장 역사

*앙부일구는 그림자의 위치로 시간을 알 수 있도록 만들었단다. 듣고 있느냐?

눈이 죽었어.

장영실 선생님, 열심히 설명하셔도 **마이동풍** 이에요.

*앙부일구: 조선 시대 과학자 장영실이 발명한 해시계.

고사성어를 소리 내어 읽으면서 써 보세요.

| 마 | 이 | 동 | 풍 | 마 | 이 | 동 | 풍 |
| 마 | 이 | 동 | 풍 | 마 | 이 | 동 | 풍 |

1장 역사 고사성어

망연자실

 아득할 망
 그러할 연
 스스로 자
 잃을 실

무슨 뜻일까요?

속뜻 자신의 넋을 잃어버린 듯이 멍함.
넋을 잃고 어리둥절한 모습을 의미해요.
넋이란 정신이나 마음을 의미해요.

설쌤과 알아보자!

어떻게 만들어진 말이에요?

옛날에 자공이라는 자가 가르침을 받고자 스승을 찾아갔어. 자공은 예상보다 훨씬 뛰어난 스승의 가르침에 매우 놀라고, 자신이 알던 것이 틀렸다는 생각에 스스로에게 실망했대. 그래서 자공은 넋을 잃고 집으로 돌아갔다고 해. 이 일화에서 만들어진 말이야.

멍하니 정신을 잃은 상황에서 **망연자실**했다고 표현할 수 있겠네요!

뱀, 반달 돌칼, 왕관 찾아라!

1장 역사

*세종 대왕께서 특별히 주신 최고급 음식인데….

* 세종 대왕: 훈민정음을 창제한 조선 시대의 왕.

고사성어를 소리 내어 읽으면서 써 보세요.

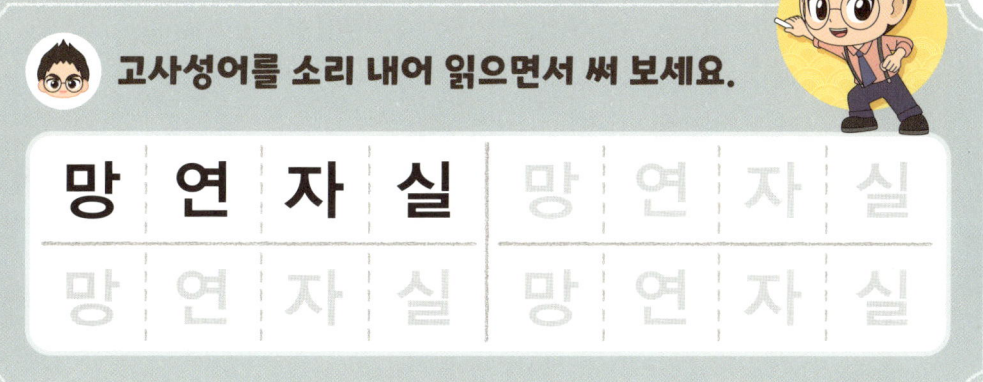

망 연 자 실

무릉도원

 武 굳셀 무
 陵 언덕 릉
 桃 복숭아 도
 源 근원 원

설쌤과 알아보자!

 무슨 뜻일까요?

속뜻 무릉에서 복숭아 꽃잎이 흘러내려 오는 근원지.
세상과 따로 떨어진 별천지를 비유하는 말이에요.
별천지란 특별히 경치가 좋거나 분위기가 좋은 곳을 말해요.

 어떻게 만들어진 말이에요?

옛날에 무릉이라는 지역에 살던 한 어부가 고기를 잡다 길을 잃었어. 작은 동굴을 지나 복숭아꽃이 피어 있는 아름다운 마을을 찾았는데, 마을 사람들은 그곳이 하도 살기 좋아서 바깥 세상의 이야기는 하나도 모르고 있었어. 그 뒤로 속세와 떨어진 아름다운 곳을 **무릉도원**이라 불렀어.

 현실을 잊을 정도로 아름다운 곳을 가면 **무릉도원**이라고 표현해야겠네요!

물고기, 불가사리, 가지 **찾아라!**

1장 역사

"아름답다~. **무릉도원**이 따로 없네."

"음…. **무릉도원**…? 맛있는 거야?"

고사성어를 소리 내어 읽으면서 써 보세요.

| 무 | 릉 | 도 | 원 | 무 | 릉 | 도 | 원 |
| 무 | 릉 | 도 | 원 | 무 | 릉 | 도 | 원 |

삼고초려

| 三 석 삼 | 顧 돌아볼 고 | 草 풀 초 | 廬 오두막집 려 |

무슨 뜻일까요?

속뜻 초가집에 사는 귀인을 세 번이나 찾아감.
인재를 맞아들이기 위해 끈질기게 노력함을 의미해요.
인재란 어떤 일을 할 수 있는 능력을 갖춘 사람이에요.

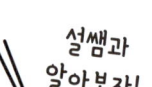

어떻게 만들어진 말이에요?

삼국지의 주인공 중 한명인 유비는 시골에 살던 제갈량을 초빙하고자 직접 제갈량의 집에 세 번이나 찾아갔어.
제갈량은 유비의 정성에 감동하여 유비를 따라나섰고, 유비는 제갈량의 뛰어난 전략으로 촉나라 황제의 자리에 오를 수 있었지.

원하는 것을 얻기 위해서는 끈질기게 노력해야 하는군요. 상대에게 간곡하게 요청을 할 때 **삼고초려**한다는 표현을 써야겠네요.

압정, 곰돌이, 치마 **찾아라!**

1장 역사

이렇게 계속 찾아간다고 만나 줄까요?

인재를 모시려면 **삼고초려**해야 해.

고사성어를 소리 내어 읽으면서 써 보세요.

| 삼 | 고 | 초 | 려 | 삼 | 고 | 초 | 려 |
| 삼 | 고 | 초 | 려 | 삼 | 고 | 초 | 려 |

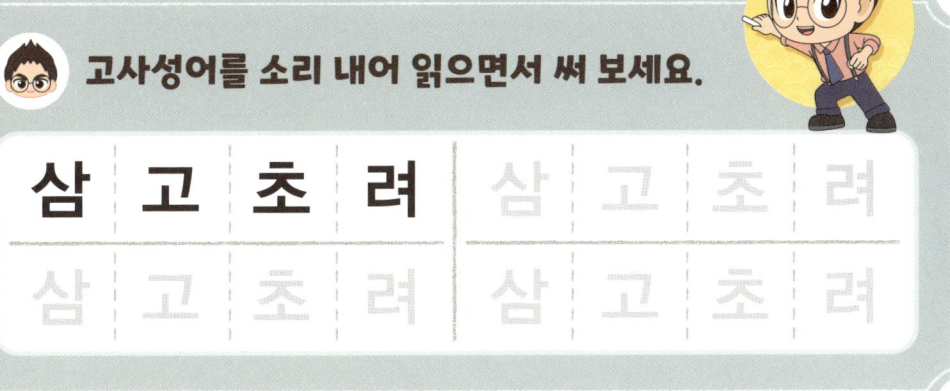

새옹지마

 塞 변방 새   翁 늙은이 옹   之 어조사 지   馬 말 마

무슨 뜻일까요?

속뜻 변방에 사는 노인의 말.

인생의 길흉화복은 늘 바뀌어 예측할 수 없음을 이르는 말이에요. 길흉화복은 길흉(운이 좋고 나쁨)과 화복(물건과 복)을 의미해요.

어떻게 만들어진 말이에요?

옛날에 한 노인이 기르던 말이 달아나서 낙심했는데, 얼마 뒤 그 말이 다른 말을 데리고 돌아와 **훌륭한 말**을 얻게 되었어. 그런데 노인의 아들이 그 말을 타다가 떨어져 다리가 부러졌지. 노인은 다시 낙심했지만 훗날 아들은 다리 때문에 전쟁터에 불려나가지 않아 목숨을 구할 수 있었어.

 좋은 일이 나쁜 일이 될 수도 있고, 나쁜 일이 좋은 일이 될 수도 있는 것처럼 인생을 예측할 수 없을 때 **새옹지마**라고 말할 수 있었어요.

치약, 수박 바, 요구르트 **찾아라!**

1장 역사

앗, 돌에 걸려 넘어졌어.

어라, 눈 앞에 돈이!

인간사 **새옹지마**라더니.

고사성어를 소리 내어 읽으면서 써 보세요.

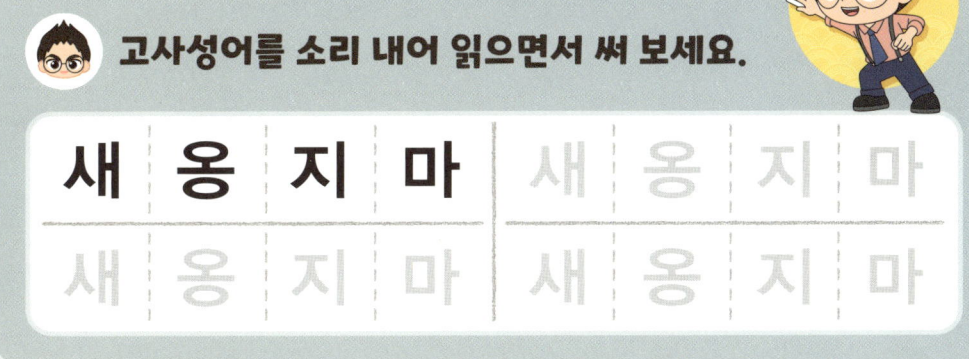

1장 역사 고사성어

안하무인

 眼 눈 안
 下 아래 하
 無 없을 무
 人 사람 인

무슨 뜻일까요?

속뜻 눈 아래에 다른 사람이 없는 것으로 여김.
다른 사람을 업신여기는 태도를 의미해요.
업신여긴다는 것은 남을 낮추어 보는 것을 말해요.

설쌤과 알아보자!

어떻게 만들어진 말이에요?

중국의 소설 〈초각박안경기〉에서 유래된 말이야. 늦게 얻은 자식을 부모가 너무 귀하게 키워, 자식이 버릇 없이 제멋대로 굴게 된 이야기에서 눈앞에 다른 사람이 없다는 뜻의 **목중무인 (目中無人)**이라는 말이 쓰였대. 이 말에서 **안하무인**이라는 고사성어가 만들어졌어.

다른 사람을 무시하는 엑스맨 같은 사람에게 **안하무인**이라고 말할 수 있겠네요!

* 세종 대왕: 훈민정음을 창제한 조선 시대의 왕.

고사성어를 소리 내어 읽으면서 써 보세요.

| 안 | 하 | 무 | 인 | 안 | 하 | 무 | 인 |
| 안 | 하 | 무 | 인 | 안 | 하 | 무 | 인 |

1장 역사 고사성어

어부지리

 漁 고기잡을 어   夫 지아비 부   之 어조사 지   利 이로울 리

무슨 뜻일까요?

속뜻 어부가 이득을 봄.

두 사람이 이해관계로 다투는 사이에 엉뚱한 사람이 이득을 가로챔을 이르는 말이에요.

설쌤과 알아보자!

어떻게 만들어진 말이에요?

도요새가 조개를 잡아먹으려고 부리를 조개 안에 넣는 순간, 조개가 껍데기를 꼭 다물고 새의 부리를 놓아주지 않았어. 도요새와 조개가 다투는 사이 어부가 둘을 모두 잡아 이익을 얻었다는 이야기에서 나온 말이야.

의도하지 않게 이득을 보았을 때 "**어부지리**로 얻었다."라고 말하면 되겠네요!

호루라기, 장화, 슬리퍼 **찾아라!**

우아~, **어부지리**로 둘이나 잡았네!

1장 역사

고사성어를 소리 내어 읽으면서 써 보세요.

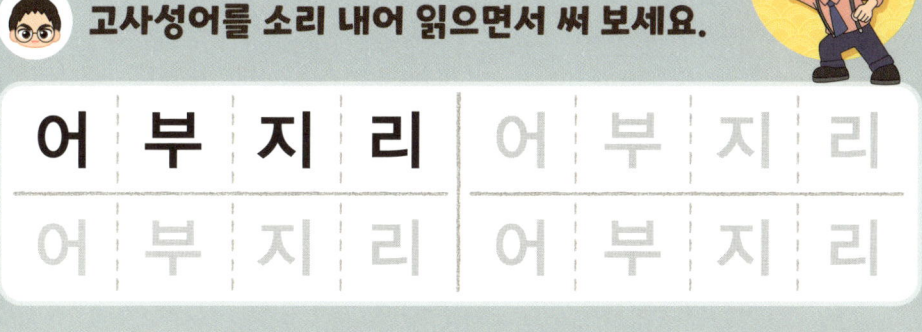

| 어 | 부 | 지 | 리 | 어 | 부 | 지 | 리 |
| 어 | 부 | 지 | 리 | 어 | 부 | 지 | 리 |

1장 역사 고사성어

오리무중

| 五 다섯 오 | 里 거리 리 | 霧 안개 무 | 中 가운데 중 |

무슨 뜻일까요?

속뜻 오 리나 되는 짙은 안개 속에 있음.
무슨 일에 대하여 방향을 잡을 수 없음을 뜻해요.

설쌤과 알아보자!

어떻게 만들어진 말이에요?

옛날에 학식이 뛰어나고 도술에 능한 장해라는 사람이 살았어. 왕을 포함한 많은 사람들이 장해의 도움을 받으려고 장해의 집을 찾아왔대. 사람들에게서 숨고 싶었던 장해는 도술을 부려 안개를 5리나 퍼지게 하는 '오리무'라는 안개를 만들었고, 장해를 찾는 사람들은 '오리무' 속에서 헤맸다고 해.

길을 찾기 어려울 때 **오리무중**이라고 하면 되겠네요!

그래. 무슨 일에 대해 전혀 파악하기 어려울 때도 **오리무중**이라고 말할 수 있어.

빗, 양동이, 강낭콩 찾아라!

1장 역사

안개가 가득하니 **오리무중**이구나.

오리요? 오리가 있어요?

고사성어를 소리 내어 읽으면서 써 보세요.

| 오 | 리 | 무 | 중 | 오 | 리 | 무 | 중 |
| 오 | 리 | 무 | 중 | 오 | 리 | 무 | 중 |

일거양득

一 한 일　擧 들 거　兩 두 량　得 얻을 득

무슨 뜻일까요?

속뜻 한 가지를 들어 올려 두 가지를 얻음.
한 가지 일을 잘 하여 두 가지 이익을 얻음을 의미해요.

어떻게 만들어진 말이에요?

옛날 중국 초나라에서 유명한 미인이 크고 무거운 솥을 들어 올리는 사람에게 시집가겠다고 했어. 항우라는 장군이 그 솥을 번쩍 들어 올렸고 미인과 혼인할 수 있었대. 게다가 힘이 세다는 소문이 퍼져 병사들이 구름 떼처럼 모여서 많은 병사도 얻었다고 해.

항우는 솥을 들어 올린 일 하나로 결혼도 하고 병사도 얻었네요!

그래서 한 가지 일로 두 가지 이익을 얻을 때 **일거양득**이라고 말하게 되었어.

주전자, 화살, 다리미 **찾아라!**

1장 역사

힘이 장사잖아! 우리의 장군이 되어 주세요!

역시 내 *부마가 될 자야.

*부마: 공주의 남편 또는 임금의 사위를 이르는 말.

고사성어를 소리 내어 읽으면서 써 보세요.

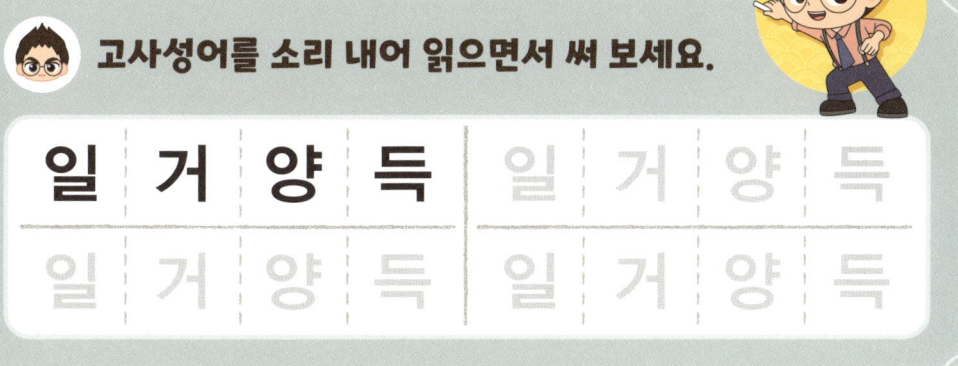

일 거 양 득 | 일 거 양 득
일 거 양 득 | 일 거 양 득

자포자기

 自 스스로 자   暴 사나울 포   自 스스로 자   棄 버릴 기

무슨 뜻일까요?

속뜻 스스로를 해치고 스스로를 버림.
절망 상태에 빠져서 모든 것을 포기하는 마음을 의미해요.

어떻게 만들어진 말이에요?

맹자는 자포자(스스로를 해치는 자)와 대화할 수 없고, 자기자(스스로를 버리는 자)와 함께 행동할 수 없다고 했어. 포기하지 않기를 바라는 맹자의 생각이 전해지는 말이란다.

 맹자의 뜻을 본받아 쉽게 **자포자기**해서는 안 되겠어요.

칼, 깃발, 립스틱 찾아라!

1장 역사

로빈, 꼭 나을거야. **자포자기**해서는 안 돼.

고사성어를 소리 내어 읽으면서 써 보세요.

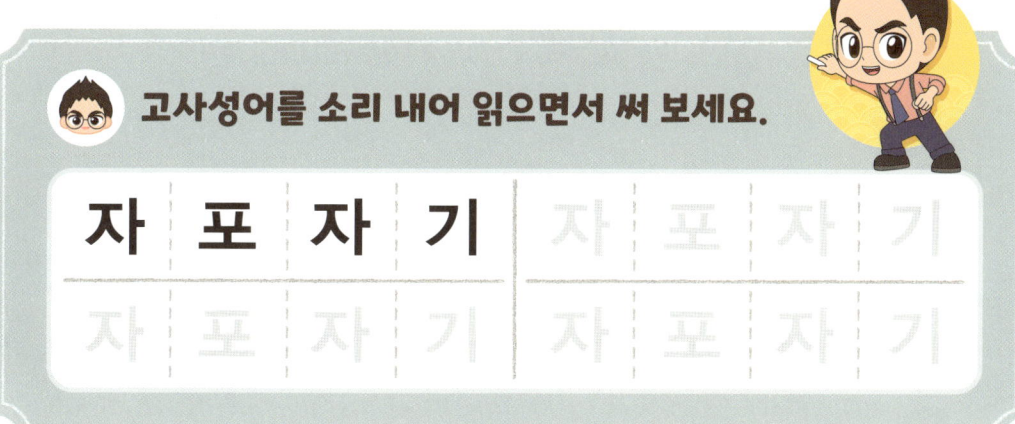

자	포	자	기	자	포	자	기
자	포	자	기	자	포	자	기

1장 역사 고사성어

조 삼 모 사

朝 아침 조 　三 석 삼 　暮 저물 모 　四 넉 사

무슨 뜻일까요?

속뜻 아침에 세 개, 저녁에 네 개를 줌.
당장 눈앞의 차이만 알고 결과가 같음을 모름을 의미해요.
간교한 잔꾀로 남을 속여 희롱함을 이르는 말로도 쓰여요.

설쌤과 알아보자!

어떻게 만들어진 말이에요?

송나라의 저공이라는 사람이 원숭이를 키웠어. "먹이를 아침에 세 개, 저녁에 네 개 주겠다."라고 했더니 원숭이들이 적다고 화를 냈대. 그래서 "그럼 아침에 네 개, 저녁에 세 개를 주겠다."라고 하니까 원숭이들이 기뻐했다고 해.

당장의 차이에만 집중하는 어리석은 상황에서 쓸 수 있겠네요.

그래. 그리고 잔꾀로 남을 속일 때도 **조삼모사**라고 표현할 수 있어.

1장 역사

딸기, 깔때기, 부츠 찾아라!

오만 원이 비싸? 그럼 특별히 만 원짜리 다섯 장만 받을게!

좋아요!

고사성어를 소리 내어 읽으면서 써 보세요.

| 조 | 삼 | 모 | 사 | 조 | 삼 | 모 | 사 |
| 조 | 삼 | 모 | 사 | 조 | 삼 | 모 | 사 |

청출어람

青 푸를 청   出 날 출   於 어조사 어   藍 쪽 람

무슨 뜻일까요?

속뜻 푸른색은 쪽(풀)에서 나왔음.
풀에서 뽑아낸 푸른 물감이 풀보다 더 푸르다는 말이에요.
제자나 후배가 스승이나 선배보다 나음을 의미해요.

어떻게 만들어진 말이에요?

순자가 "푸른 물감을 쪽(풀)에서 채취했는데, 그것이 쪽(풀)보다 더 푸르다."라고 한 말에서 만들어졌어. 제자가 열심히 노력하면 스승보다 뛰어날 수 있다는 것을 비유하는 말이야.

저도 **청출어람**이라는 말을 듣기 위해 노력해야겠어요!

설쌤과 알아보자!

고사성어를 소리 내어 읽으면서 써 보세요.

청 출 어 람

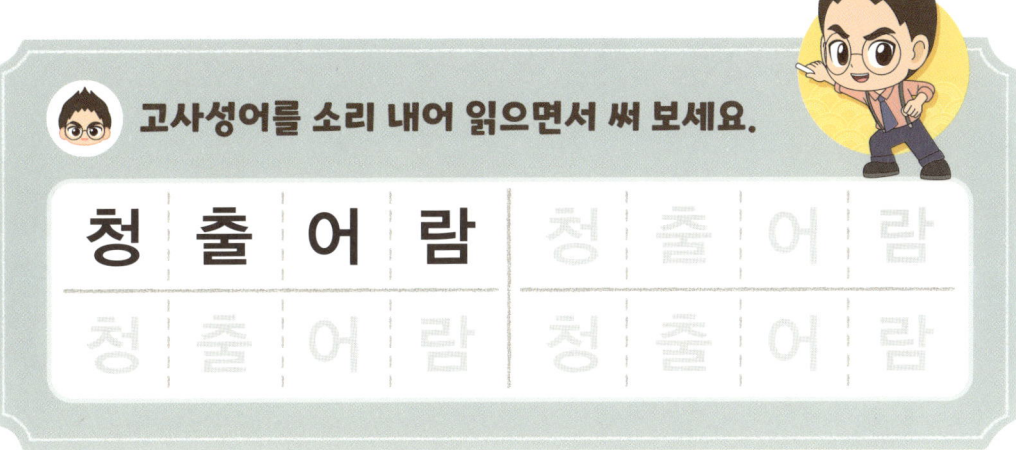

함흥차사

| 咸 모두 함 | 興 일어날 흥 | 差 부릴 차 | 使 부릴 사 |

무슨 뜻일까요?

속뜻 함흥 지방으로 보낸 관리.
심부름을 가서 오지 않거나 늦게 온 사람을 이르는 말이에요.

설쌤과 알아보자!

어떻게 만들어진 말이에요?

조선 시대 태조는 정종에게 왕위를 물려주고 고향인 함흥으로 떠났어. 이후에 왕위에 오른 태종이 태조를 모셔 오기 위해 차사를 보냈지만, 돌아올 생각이 없던 태조는 차사를 가두고 돌려보내지 않았대. 이때부터 갔다가 돌아오지 않는 사람을 **함흥차사**라고 불렀어.

놀러 나가서 돌아오지 않는 로빈이를 보고 **함흥차사**라고 하면 되겠네요~.

알밤, 책, 빗자루 찾아라!

1장 역사

온달이가 한번 나가면 왜 **함흥차사**인지 알겠어요.

고사성어를 소리 내어 읽으면서 써 보세요.

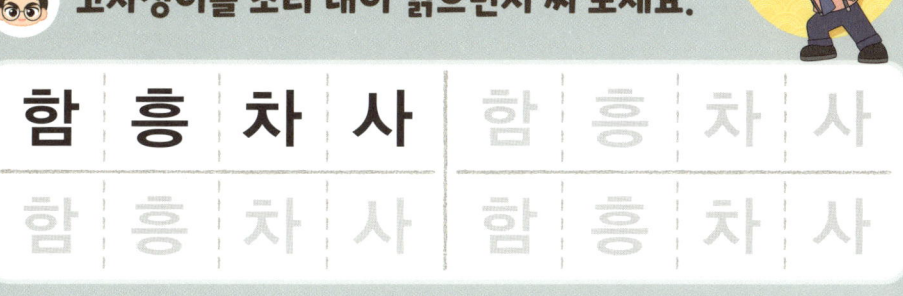

| 함 | 흥 | 차 | 사 | 함 | 흥 | 차 | 사 |
| 함 | 흥 | 차 | 사 | 함 | 흥 | 차 | 사 |

고사성어 사다리 타기!

게임 방법

사다리를 타고 내려가 설명과 맞는 고사성어를 연결해 보아요!

제자나 후배가 스승이나 선배보다 나음.

많은 사람 가운데서 뛰어난 인물.

많을수록 더욱더 좋음.

대기만성
大器晩成

청출어람
靑出於藍

군계일학
群鷄一鶴

고사성어를 다시 확인하자!

- 군계일학 14쪽
- 다다익선 18쪽
- 대기만성 20쪽
- 삼고초려 28쪽
- 오리무중 36쪽
- 청출어람 44쪽

1장 역사

크게 될 사람은 성공이 늦음.

먼 데까지 낀 안개 속에서 길을 찾기 어려움.

인재를 맞아들이기 위해 끈질기게 노력함.

다다익선	삼고초려	오리무중
多多益善	三顧草廬	五里霧中

➡ 답은 207쪽

고진감래	박학다식	온고지신	자업자득
권선징악	붕우유신	유비무환	죽마고우
근묵자흑	사필귀정	유유상종	천고마비
금석지교	설상가상	이열치열	팔방미인
동고동락	소탐대실	일취월장	
동상이몽	역지사지	일희일비	

2장 지혜 고사성어

고진감래

苦 쓸 고   盡 다될 진   甘 달 감   來 올 래

 **무슨 뜻일까요?**

속뜻 쓴 것이 다하면 단 것이 옴.
고생 끝에 즐거움이 옴을 비유하여 이르는 말이에요.

설쌤과 알아보자!

 비슷한 속담이 있나요?

'고생 끝에 낙이 온다.'라는 속담이 있어. 낙은 살아가는 데서 느끼는 즐거움이나 재미를 의미해. 어려운 일을 겪고 난 뒤에는 반드시 좋은 일이 생긴다는 속담이야.

힘든 상황에서 희망을 줄 때 쓸 수 있는 말이네요!

*김정호: 조선 시대에 한반도의 지도 <대동여지도>를 제작한 지리학자.

고사성어를 소리 내어 읽으면서 써 보세요.

| 고 | 진 | 감 | 래 | 고 | 진 | 감 | 래 |
| 고 | 진 | 감 | 래 | 고 | 진 | 감 | 래 |

2장 지혜 고사성어

권선징악

 권할 권   착할 선   혼낼 징   나쁠 악

 **무슨 뜻일까요?**

 속뜻 착한 일을 권장하고 악한 일을 벌함.
착한 사람을 높이고 악한 사람을 벌함을 의미해요. 선한 행위는 권하고, 악한 행위는 마땅히 징벌하여 바로잡아야 해요.

 비슷한 속담이 있나요?

'뿌린 대로 거둔다.'라는 속담이 있어. 씨앗을 뿌리면 곡식을 얻을 수 있듯이, 자기가 저지른 일의 결과는 자기가 받게 된다는 의미란다.

 선하게 살아야 한다는 조상들의 지혜가 담긴 말이네요.

*암행어사: 조선 시대 각 지역에 파견되어 백성의 억울함을 풀어 주던 관리.

고사성어를 소리 내어 읽으면서 써 보세요.

| 권 | 선 | 징 | 악 | 권 | 선 | 징 | 악 |
| 권 | 선 | 징 | 악 | 권 | 선 | 징 | 악 |

2장 지혜 고사성어

근묵자흑

 가까울 근   먹 묵   사람 자   검을 흑

무슨 뜻일까요?

속뜻 먹을 가까이 하는 사람은 검어지기 쉬움.

나쁜 사람을 가까이 하면 물들기 쉬움을 의미해요. 주변 환경의 중요성을 강조하는 말이에요.

설쌤과 알아보자!

비슷한 속담이 있나요?

'친구 따라 강남 간다.'라는 속담이 있어. 나는 별로 하고 싶지 않은 일이더라도 친구가 하는 일이면 친구를 따라서 덩달아 하게 된다는 말이야. 어떤 친구와 지내느냐에 따라 내 행동에 변화가 일어나니 좋은 친구와 지내야 해.

좋은 친구를 만나고, 저도 좋은 친구가 되어야겠네요!

양, 레몬, 아이스하키 스틱 찾아라!

2장 지혜

학원 가지 말고 나랑 재밌는 곳 가자.

근묵자흑이니 나쁜 친구와 놀면 안 되는데…!

고사성어를 소리 내어 읽으면서 써 보세요.

| 근 | 묵 | 자 | 흑 | 근 | 묵 | 자 | 흑 |
| 근 | 묵 | 자 | 흑 | 근 | 묵 | 자 | 흑 |

2장 지혜 고사성어

금석지교

金 쇠금　石 돌석　之 어조사지　交 사귈교

무슨 뜻일까요?

속뜻 쇠나 돌같이 굳고 변함없는 사귐이나 약속.
굳고 변함없는 우정 또는 그런 약속을 의미해요.

설쌤과 알아보자!

비슷한 속담이 있나요?

'옷은 새 옷이 좋고 사람은 옛 사람이 좋다.'라는 속담이 있어.
물건은 새것이 좋지만 사람은 오래 사귀어 정이 든 사람이 좋다는 뜻이야.

금석지교를 쌓아 친구와 오래 잘 지내야겠어요!

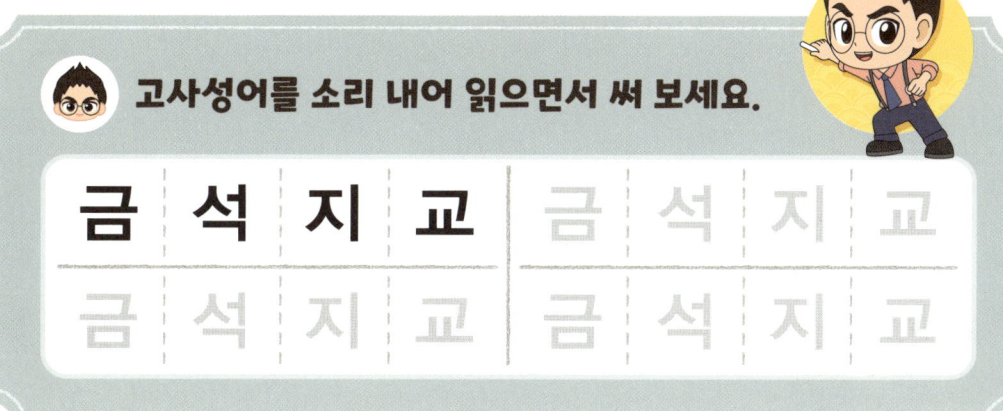

고사성어를 소리 내어 읽으면서 써 보세요.

| 금 | 석 | 지 | 교 | 금 | 석 | 지 | 교 |
| 금 | 석 | 지 | 교 | 금 | 석 | 지 | 교 |

2장 지혜 고사성어

동고동락

| 同 한가지 동 | 苦 괴로울 고 | 同 한가지 동 | 樂 즐길 락 |

무슨 뜻일까요?

속뜻 괴로움도 함께하고 즐거움도 함께함.

설쌤과 알아보자!

비슷한 속담이 있나요?

'바늘 가는 데 실 간다.'라는 속담이 있어. 바느질을 하려면 반드시 바늘과 실이 필요하지? 바늘과 실처럼 떨어지지 않고 붙어다니는 사이를 가리키는 말이란다.

저와 평강이를 보고 할 수 있는 말이네요! 저희는 **동고동락**하는 사이고, 바늘과 실 같은 친구예요.

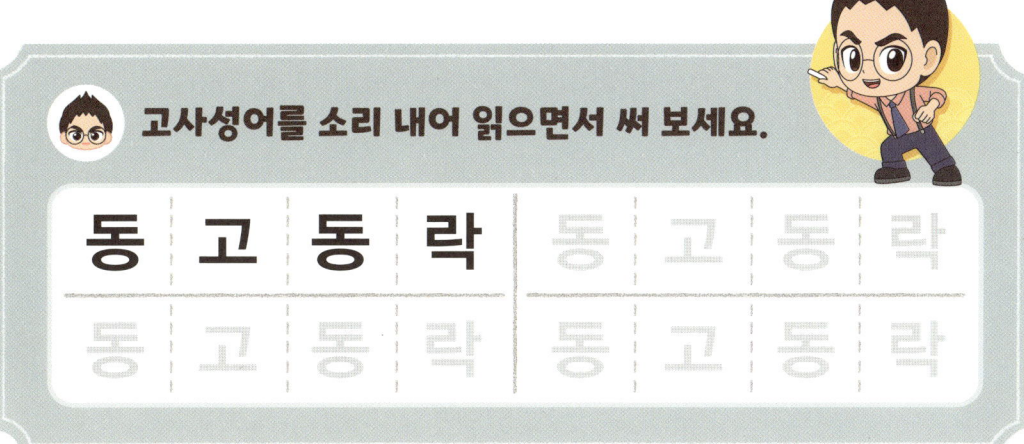

고사성어를 소리 내어 읽으면서 써 보세요.

| 동 | 고 | 동 | 락 | 동 | 고 | 동 | 락 |
| 동 | 고 | 동 | 락 | 동 | 고 | 동 | 락 |

2장 지혜 고사성어

동상이몽

 같을 동　 평상 상　 다를 이　 꿈 몽

무슨 뜻일까요?

속뜻 같은 잠자리에서 다른 꿈을 꿈.
겉으로는 같은 행동을 하면서도 속으로는 다른 생각을 함을 비유하여 이르는 말이에요.

 설쌤과 알아보자!

비슷한 속담이 있나요?

'열 길 물속은 알아도 한 길 사람 속은 모른다.'라는 속담이 있어.
물은 아무리 깊어도 그 깊이를 헤아릴 수 있지만, 사람의 마음은 알아내기가 힘들다는 뜻이란다.

동상이몽이라고 겉으로는 같아 보여도 다른 생각을 할 수 있네요. 사람의 마음을 알긴 참 어려운 것 같아요.

연필, 그릇, 옷걸이 찾아라!

2장 지혜

고사성어를 소리 내어 읽으면서 써 보세요.

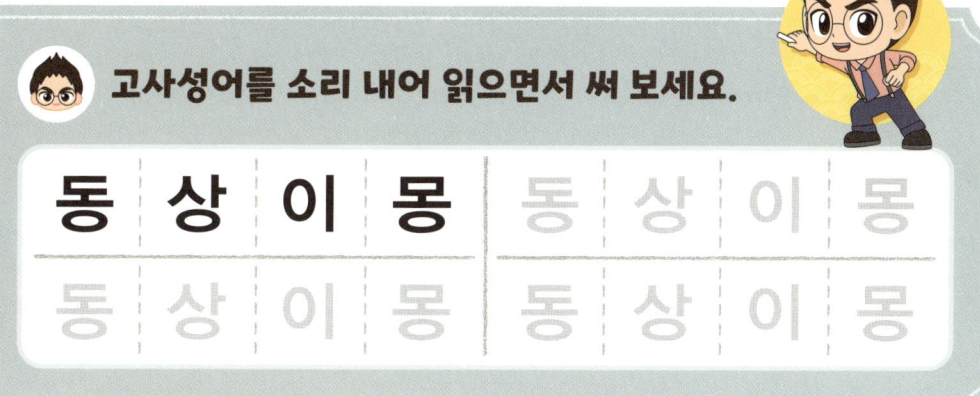

| 동 | 상 | 이 | 몽 | 동 | 상 | 이 | 몽 |
| 동 | 상 | 이 | 몽 | 동 | 상 | 이 | 몽 |

2장 지혜 고사성어

박학다식

博 넓을 박 學 배울 학 多 많을 다 識 알 식

무슨 뜻일까요?

속뜻 학식이 넓고 많음.
학식이 넓고 아는 것이 많음을 의미해요.
학식이란 배워서 아는 지식, 전문적 지식이에요.

설쌤과 알아보자!

비슷한 속담이 있나요?

'**세물전 영감이다.**'라는 속담이 있어.
아는 것이 매우 많은 사람을 이르는 말이란다.
세물전은 옛날에 혼인이나 장례를 지낼 때 필요한
그릇을 빌려주는 가게였는데, 세물전 주인은 동네
사람들의 집안 이야기까지 많은 것을 알게 된다고
해서 만들어진 속담이야.

지식이 많은 사람을 보고 **박학다식**하다고 할 수도
있고, **세물전 영감**이라고 할 수도 있겠네요!

사람 옆 얼굴, 숫자 7, 식빵 **찾아라!**

2장 지혜

이걸….

박학다식한 분이라더군.

무얼 물어도 막힘이 없다 들었네.

고사성어를 소리 내어 읽으면서 써 보세요.

| 박 | 학 | 다 | 식 | 박 | 학 | 다 | 식 |
| 박 | 학 | 다 | 식 | 박 | 학 | 다 | 식 |

붕우유신

朋 벗 붕　友 벗 우　有 있을 유　信 믿을 신

무슨 뜻일까요?

속뜻 벗 사이에는 믿음이 있어야 함.
친구 사이에 지켜야 할 도리, 믿음을 뜻해요.
도리는 마땅히 행해야 할 바른 길을 의미해요.

설쌤과 알아보자!

비슷한 속담이 있나요?

'어려울 때 친구가 진짜 친구다.'라는 속담이 있어. 가진 것이 많을 때는 주변에 많은 사람이 생겨. 하지만 내가 가진 것이 없거나 어려울 때 함께 있는 친구가 나를 진심으로 생각하는 친구라는 의미야.

붕우유신을 지키고, 어려울 때 곁에 남는 친구를 소중하게 여겨야겠어요!

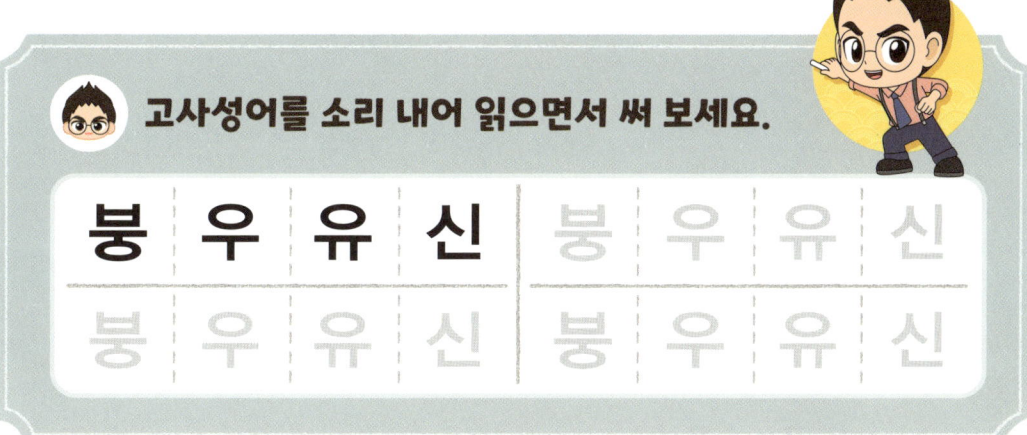

고사성어를 소리 내어 읽으면서 써 보세요.

| 붕 | 우 | 유 | 신 | 붕 | 우 | 유 | 신 |
| 붕 | 우 | 유 | 신 | 붕 | 우 | 유 | 신 |

사필귀정

事 일 사   必 반드시 필   歸 돌아갈 귀   正 바를 정

무슨 뜻일까요?

속뜻 모든 일은 반드시 바른 길로 돌아감.

일의 잘잘못은 언젠가 밝혀져서 반드시 올바른 데로 돌아감을 의미해요.

설쌤과 알아보자!

비슷한 속담이 있나요?

'콩 심은 데 콩 나고 팥 심은 데 팥 난다.'
라는 속담이 있어. 콩을 심은 데에 팥이 날 일 없고,
팥을 심은 데에 콩이 날 일 없지.
모든 일은 원인에 따라 결과가 생긴다는 의미란다.

무슨 일이든 행동에 따른 결과를 얻게 된다는 말이군요.

잠시 잘못된 것처럼 보여도 모든 일은 결국 올바르게 돌아간다는 **사필귀정**을 믿고, 정직하게 살아야 한단다.

종이비행기, 지팡이, 밥주걱 **찾아라!**

뭔가 잘못됐어! 도둑은 엑스맨이라고!

걱정 마. **사필귀정**이란다. 진실은 곧 밝혀질 거야.

2장 지혜

고사성어를 소리 내어 읽으면서 써 보세요.

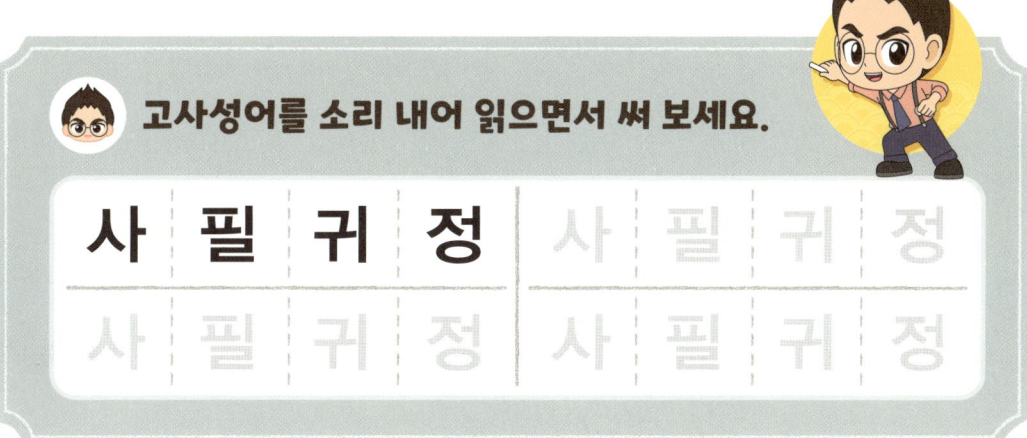

사	필	귀	정	사	필	귀	정
사	필	귀	정	사	필	귀	정

2장 지혜 고사성어

설 상 가 상

雪 눈 설　上 위 상　加 더할 가　霜 서리 상

무슨 뜻일까요?

속뜻 눈 위에 서리가 더해짐.
난처한 일이나 불행한 일이 잇달아 일어남을 의미해요.
서리는 수증기가 얼어붙은 것을 말해요.

설쌤과 알아보자!

비슷한 속담이 있나요?

'엎친 데 덮친다.'라는 속담이 있어.
설상가상처럼 어렵거나 불행한 일이 겹쳐 일어날 때 쓰는 말이야.

반대 의미의 고사성어도 있나요?

금상첨화(錦上添花)라는 고사성어가 있어.
좋은 일 위에 또 좋은 일이 더하여짐을 의미해.

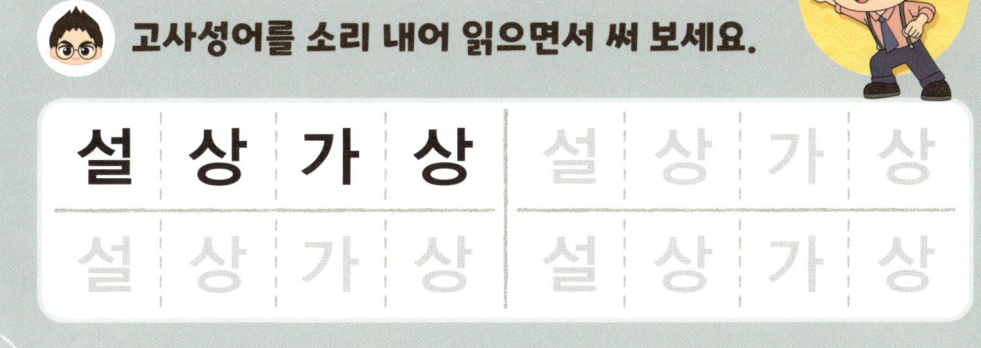

고사성어를 소리 내어 읽으면서 써 보세요.

설	상	가	상	설	상	가	상
설	상	가	상	설	상	가	상

소탐대실

小 작을 소　貪 탐낼 탐　大 큰 대　失 잃을 실

무슨 뜻일까요?

속뜻 작은 것을 탐내다가 큰 것을 잃음.

작은 이익에 욕심을 내다가 오히려 큰 손실을 입는다는 의미예요. 눈앞의 작은 욕심을 채우려다 큰일을 이루지 못할 수 있어요.

비슷한 속담이 있나요?

'빈대 잡으려고 초가삼간 태운다.'라는 속담이 있어.

작은 빈대를 잡으려고 집을 태우다니 어리석네요!

그래. 손해는 생각하지 않고 당장 눈앞의 작은 문제를 해결하려고 그저 덤비기만 하는 어리석은 상황을 표현하는 말이야.

양말, 거북이, 열대어 찾아라!

소탐대실이구나.

아무리 맛있어도 상한 음식을 먹다니! 더 중요한 건강을 잃었잖아.

2장 지혜

고사성어를 소리 내어 읽으면서 써 보세요.

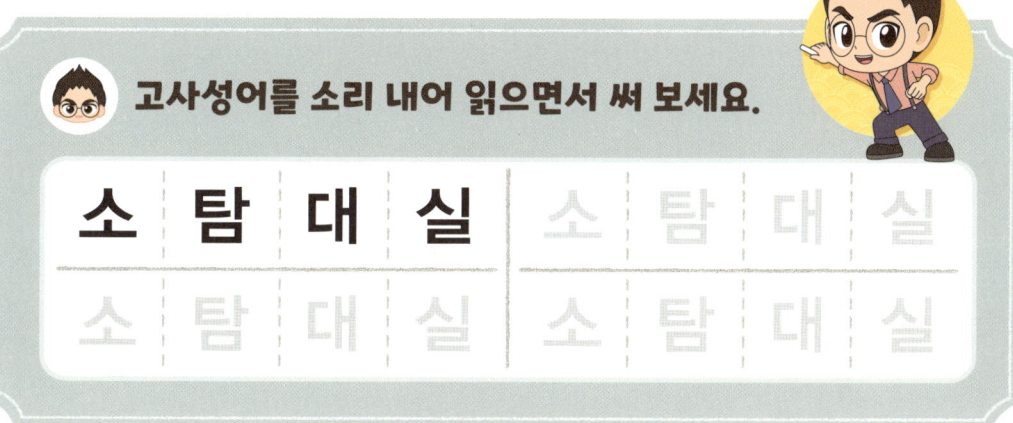

| 소 | 탐 | 대 | 실 | 소 | 탐 | 대 | 실 |
| 소 | 탐 | 대 | 실 | 소 | 탐 | 대 | 실 |

역지사지

 바꿀 역   처지 지   생각 사   그것 지

무슨 뜻일까요?

속뜻 처지를 바꾸어 그것을 생각함.
상대편의 처지에서 생각해 봄을 의미해요.
처지는 처하여 있는 사정이나 형편을 말해요.

설쌤과 알아보자!

비슷한 속담이 있나요?

'**자식을 길러봐야 부모 사랑을 안다.**'라는 속담이 있어. 부모의 사랑은 다 알 수 없을 만큼 깊다는 의미와 무엇이든 직접 경험하지 않고는 다 알기 어렵다는 의미를 담고 있지.

직접 경험하지 않고 다 알 수는 없지만, **역지사지**하기 위해 노력해야겠어요!

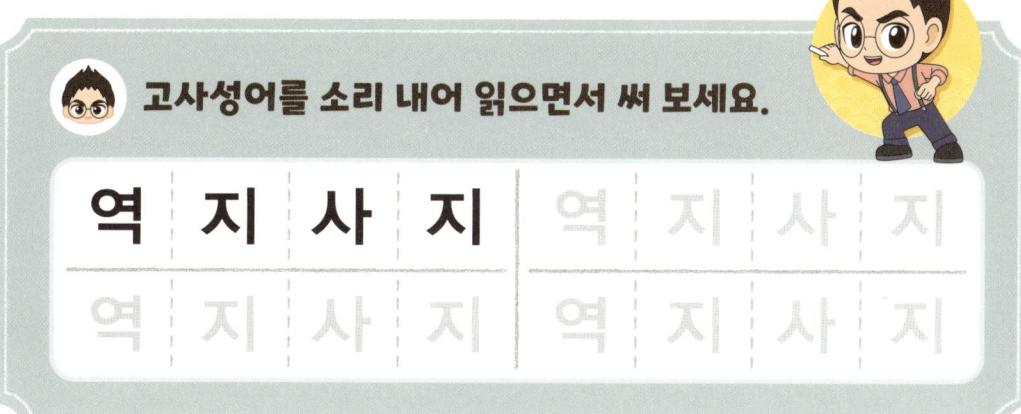

* 훈민정음: 세종 대왕이 창제한 한글의 옛 이름이자 창제 원리를 해설해 놓은 책의 제목.

고사성어를 소리 내어 읽으면서 써 보세요.

| 역 | 지 | 사 | 지 | 역 | 지 | 사 | 지 |
| 역 | 지 | 사 | 지 | 역 | 지 | 사 | 지 |

2장 지혜 고사성어

온고지신

 溫 익힐 온   故 옛 고   知 알 지   新 새 신

무슨 뜻일까요?

속뜻 옛것을 익히고 그것을 미루어서 새것을 앎.

옛것을 배우고 새로운 것을 깨닫는 것. 즉 지나간 과거로부터 미래를 준비하는 깨달음을 얻을 수 있다는 말이에요.

설쌤과 알아보자!

어떻게 만들어진 말이에요?

공자가 한 말에서 유래했어. 공자는 "옛것을 배워 새로운 것을 깨닫는다면 다른 사람의 스승이 될 수 있다."라고 말했어.

과거로부터 본받고 새로운 것을 배워야 하는군요.

그래. 우리가 고사성어를 배워야 하는 이유이기도 해. **온고지신**의 자세로 옛것을 배우도록 하자!

커터 칼, 냄비, 물개 찾아라!

"한지로 이런 걸 만들 수 있는지 몰랐어요!"

온고지신이란다. 옛것을 알고 새로운 것을 만들어 나가야 해.

2장 지혜

고사성어를 소리 내어 읽으면서 써 보세요.

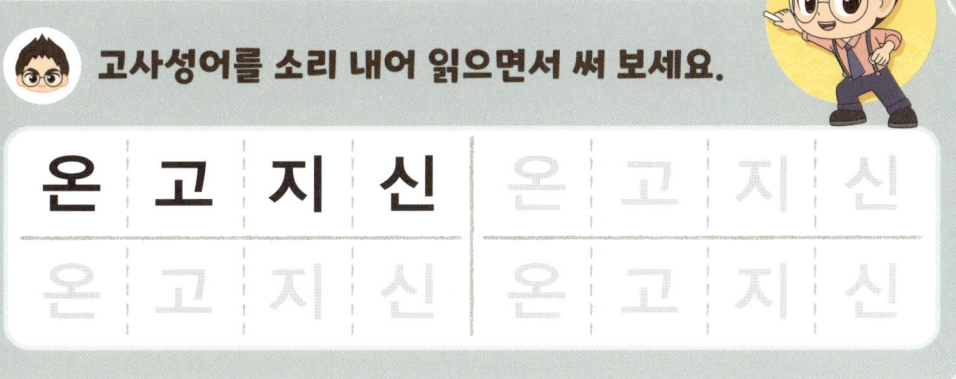

| 온 | 고 | 지 | 신 | 온 | 고 | 지 | 신 |
| 온 | 고 | 지 | 신 | 온 | 고 | 지 | 신 |

2장 지혜 고사성어

유비무환

 있을 유   갖출 비   없을 무   근심 환

 **무슨 뜻일까요?**

속뜻 미리 대비해 둔 것이 있으면 근심거리가 없게 됨.

사전에 여러 문제를 미리 대비해 두어야 걱정할 것이 없다는 의미예요.

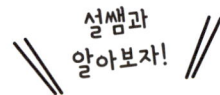

 비슷한 속담이 있나요?

'설마가 사람 잡는다.'라는 속담이 있어. 마음을 놓고 있다가 곤란한 일을 겪게 될 수 있다는 말이야. 행운을 바라지 말고 가능한 준비를 해 놓아야 한다는 점에서 **유비무환**과 비슷하다고 볼 수 있어.

 무엇이든 미리 준비해 두라는 선조들의 지혜가 느껴지네요!

햄버거, 자동차, 다이아몬드 찾아라!

*이순신 장군님은 아무 일도 없는데 왜 배를 만들지?

유비무환이야!

적이 쳐들어와도 미리 준비가 되어 있으면 걱정할 것이 없다.

*이순신: 조선 시대의 무신으로, 임진왜란 및 정유재란 당시 조선 수군을 지휘한 장군.

2장 지혜

고사성어를 소리 내어 읽으면서 써 보세요.

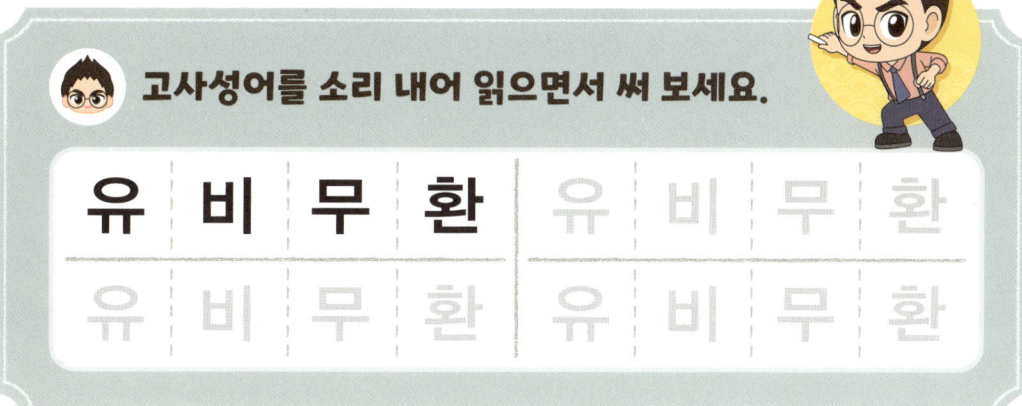

| 유 | 비 | 무 | 환 | 유 | 비 | 무 | 환 |
| 유 | 비 | 무 | 환 | 유 | 비 | 무 | 환 |

유유상종

 비슷할 류   무리 류   서로 상   따를 종

무슨 뜻일까요?

속뜻 비슷한 종류끼리 서로 친하게 따름.

비슷한 성격이나 성품을 가진 사람들끼리 모이고 사귄다는 의미예요.

설쌤과 알아보자!

비슷한 속담이 있나요?

'잠꾸러기 집은 잠꾸러기만 모인다.'라는 속담이 있어. 어떤 집단이든 비슷한 유형의 사람들이 모이게 됨을 이르는 말이야.

'가재는 게 편'이라는 속담도 있잖아요!

그래. 가재는 비슷하게 생긴 게를 편든다는 말로, 비슷한 사람끼리 어울리고 편드는 것을 이르는 말이지.

양말, 우유갑, 스페이드 찾아라!

정약용 선생님, *거중기가 들 수 있는 무게는 얼마인가요?

유유상종이라더니, 탐구심이 뛰어난 두 분이 만나니 이야기가 끊이지 않는구나.

2장 지혜

*거중기: 조선 시대 실학자 정약용이 발명한 작은 힘으로 무거운 물건을 들어 올리는 기계.

고사성어를 소리 내어 읽으면서 써 보세요.

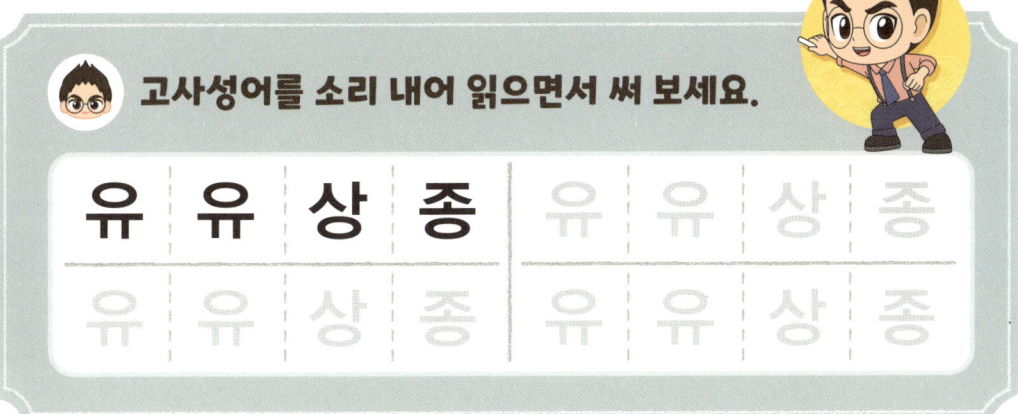

| 유 | 유 | 상 | 종 | 유 | 유 | 상 | 종 |
| 유 | 유 | 상 | 종 | 유 | 유 | 상 | 종 |

81

이열치열

以 써 이 熱 더울 열 治 다스릴 치 熱 더울 열

무슨 뜻일까요?

속뜻 열로써 열을 다스림.
힘에는 힘으로, 또는 강한 것에는 강한 것으로 상대함을 의미해요.

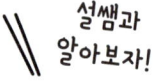

언제 사용하는 말이에요?

강한 힘에 힘으로 맞서는 상황에서 사용할 수 있어. 그리고 더운 한여름에 삼계탕 같이 뜨거운 음식을 먹을 때도 사용할 수 있지.

오늘 더운데 **이열치열**이라고 삼계탕이나 먹으러 갈까요?

좋아! **이열치열**로 여름을 이겨내자!

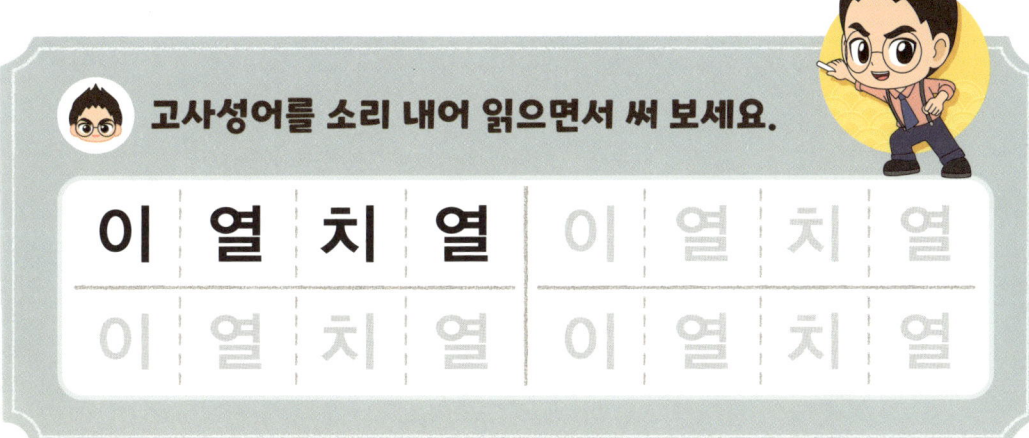

고사성어를 소리 내어 읽으면서 써 보세요.

| 이 | 열 | 치 | 열 | 이 | 열 | 치 | 열 |
| 이 | 열 | 치 | 열 | 이 | 열 | 치 | 열 |

2장 지혜 고사성어

일취월장

日 날 일 　就 이룰 취 　月 달 월 　將 앞으로 장

무슨 뜻일까요?

속뜻 날마다 뜻을 이루고 달마다 나아감.

발전이 빠르고 성취가 많음을 의미해요. 끊임없이 노력하여 크게 발전해 나가는 모습을 가리키는 말이에요.

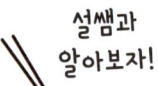
설쌤과 알아보자!

비슷한 속담이 있나요?

'**구르는 돌에는 이끼가 끼지 않는다.**'라는 속담이 있어. 멈추지 않고 굴러가는 돌에는 이끼가 낄 시간이 없거든.

끊임없이 움직이고 노력하는 사람은 뒤처지지 않는다는 말이군요.

그래. 부지런히 노력하는 사람은 뒤처지지 않고 **일취월장**하여 계속 발전한다는 의미를 담은 속담이야.

*첨성대: 신라 시대 선덕여왕 때 만들어진 천문 관측 시설.

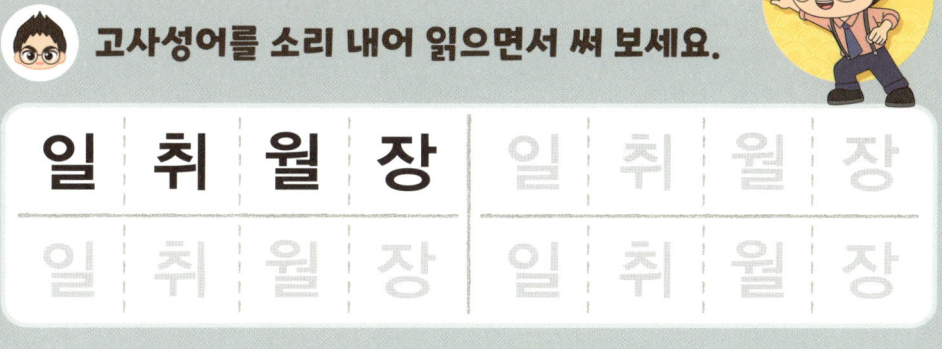

일희일비

一 한 일 　喜 기쁠 희 　一 한 일 　悲 슬플 비

설쌤과 알아보자!

무슨 뜻일까요?

속뜻 한 번은 기뻐하고, 한 번은 슬퍼함.
기쁨과 슬픔이 번갈아 나타남을 의미해요. 또는 한편으로는 기쁘고, 한편으로는 슬픈 상황을 나타내는 데에 쓰여요.

언제 사용하는 말이에요?

모든 상황에 순간순간 기뻐했다 슬퍼했다 반복하며 힘들어하는 친구를 보고 **일희일비**하지 말라고 말할 수 있을거야.

인생은 **새옹지마**니까요?

그래. 나쁜 일이 언제 좋은 일이 될지 모르니까!

컵케이크, 고래, 설쌤의 분필 **찾아라!**

작은 것에 **일희일비**하지 마!

아이스크림 하나에 세상이 무너지지 않는다고!

2장 지혜

고사성어를 소리 내어 읽으면서 써 보세요.

일	희	일	비	일	희	일	비
일	희	일	비	일	희	일	비

자업자득

| 自 스스로 자 | 業 일 업 | 自 스스로 자 | 得 얻을 득 |

무슨 뜻일까요?

속뜻 자기가 저지른 일의 업을 자기 자신이 받음.
자기의 잘못에 대한 벌을 자신이 받는다는 의미예요.

설쌤과 알아보자!

비슷한 속담이 있나요?

'아니 땐 굴뚝에 연기 날까.'라는 속담이 있어. 불을 피우지도 않았는데 굴뚝에서 연기가 날 수는 없겠지. 원인이 없으면 결과가 있을 수 없음을 뜻하는 말이야.

앞에서 배운 **권선징악**, **사필귀정**이랑 비슷한 말이네요. 위인들의 업적을 빼앗으려는 엑스맨도 **자업자득**으로 벌을 받을 거예요!

펜, 나방, 매니큐어 찾아라!

2장 지혜

으악! 제 밥은 어디 있어요?

일찍 왔어야지! **자업자득**이란다.

고사성어를 소리 내어 읽으면서 써 보세요.

| 자 | 업 | 자 | 득 | 자 | 업 | 자 | 득 |
| 자 | 업 | 자 | 득 | 자 | 업 | 자 | 득 |

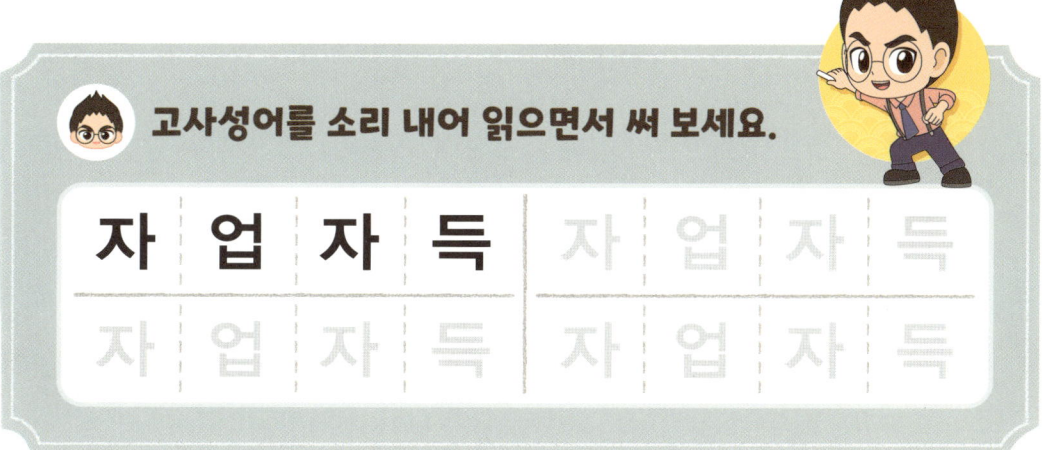

2장 지혜 고사성어

죽마고우

竹 대나무 죽　馬 말 마　故 옛 고　友 벗 우

무슨 뜻일까요?

속뜻 대나무로 만든 말을 타고 함께 놀던 오랜 친구

어릴 때부터 함께 놀며 자란 친구를 이르는 말이에요. 죽마는 옛날에 아이들이 타고 놀던 대나무로 만든 말 모양 장난감을 의미해요.

비슷한 고사성어가 있나요?

수어지교(水魚之交)라는 고사성어가 있어. 물과 물고기의 관계와 같은 사이라는 뜻이야. 물과 물고기처럼 친밀하여 떨어질 수 없는 사이를 말해.

비슷한 속담도 있나요?

친구에 대한 속담에는 '고슴도치도 살 친구가 있다.'라는 말이 있어. 아무리 괴팍하고 몹쓸 사람이라도 친하게 사귀고 지낼 친구가 있음을 이르는 말이야.

하트, 주방장갑, 건전지 찾아라!

2장 지혜

죽마고우가 따로 없구나. 그렇지, 로빈?

고사성어를 소리 내어 읽으면서 써 보세요.

| 죽 | 마 | 고 | 우 | 죽 | 마 | 고 | 우 |
| 죽 | 마 | 고 | 우 | 죽 | 마 | 고 | 우 |

2장 지혜 고사성어

천고마비

天 하늘 천 高 높을 고 馬 말 마 肥 살찔 비

무슨 뜻일까요?

속뜻 하늘이 높고 말이 살찜.
하늘이 높고 온갖 곡식이 익는 가을을 이르는 말이에요. 가을이 좋은 계절임을 의미해요.

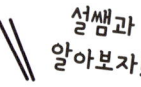 설쌤과 알아보자!

비슷한 속담이 있나요?

'가을 안개에 풍년 든다.'라는 속담이 있어. 가을은 아침에 안개가 끼고 일조량이 많은 맑은 날씨여서 벼를 잘 익게 하여 풍년이 든다고 해.

 천고마비의 계절인 가을에는 "가을 안개에 풍년 든다."라고 말하면 되겠네요!

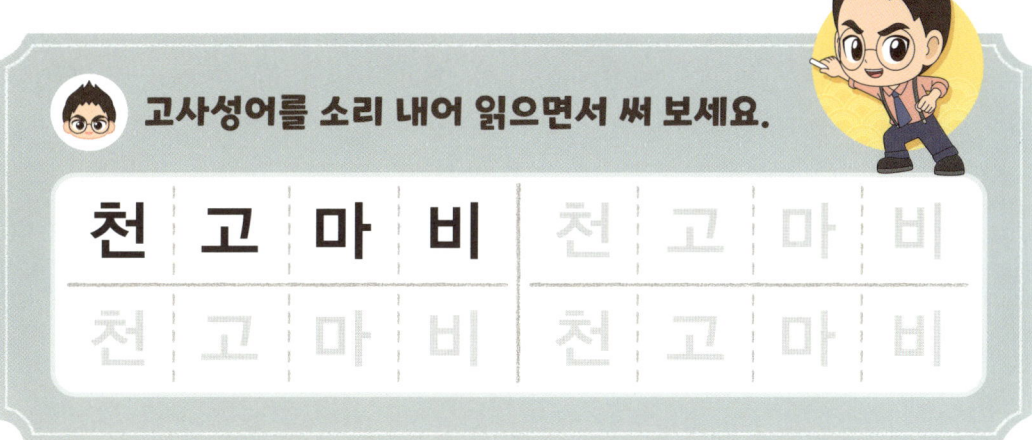

고사성어를 소리 내어 읽으면서 써 보세요.

| 천 | 고 | 마 | 비 | 천 | 고 | 마 | 비 |
| 천 | 고 | 마 | 비 | 천 | 고 | 마 | 비 |

2장 지혜 고사성어

팔방미인

- 八 여덟 팔
- 方 모 방
- 美 아름다울 미
- 人 사람 인

설쌤과 알아보자!

 무슨 뜻일까요?

 속뜻 모든 면에서 아름다운 사람.
여러 방면에 능통한 사람을 이르는 말이에요.
깊이는 없이 여러 방면에 조금씩 손대는 사람을
조롱하는 말로도 사용해요.

 비슷한 고사성어가 있나요?

다재다능(多才多能)이라는 고사성어가 있어.
재주가 많고 능력이 풍부한 사람을 이르는 말이야.

 힘이면 힘, 노래면 노래, 외모도 뛰어난 저는
팔방미인에 **다재다능**한 사람이군요~.

샤워기, 호박, 망치 찾아라!

온달아, 너는 나한테 고마워해야 해.

나처럼 성격, 지성, 미모가 완벽한 팔방미인은 흔치 않거든.

진짜 공주님이니 공주병이라고 할 수도 없고….

2장 지혜

고사성어를 소리 내어 읽으면서 써 보세요.

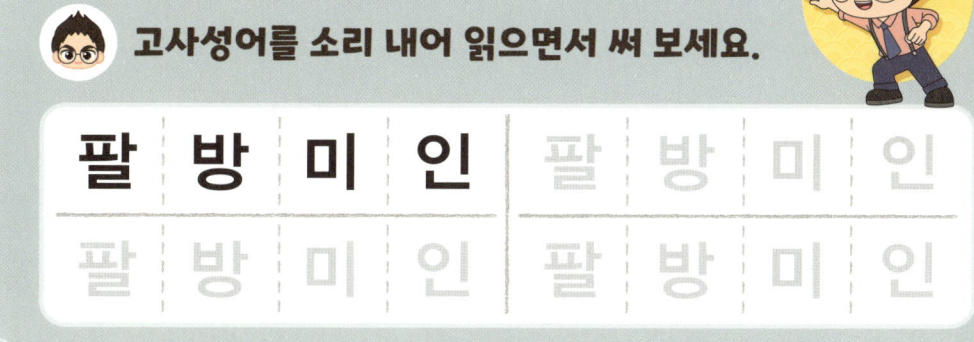

| 팔 | 방 | 미 | 인 | 팔 | 방 | 미 | 인 |
| 팔 | 방 | 미 | 인 | 팔 | 방 | 미 | 인 |

고사성어 미로 찾기!

게임 방법

모래 구덩이에 빠진 로빈이를 구해요! 고사성어를 찾아 선을 그으며 길을 따라가다 보면 로빈에게 갈 수 있어요!

출발

- 온고지신
- 이구아나
- 오랑우탄
- 권선징악
- 둥실둥실
- 사필귀정
- 박학다식
- 보글보글

도착

고사성어를 다시 확인하자!

- 권선징악 54쪽
- 박학다식 64쪽
- 사필귀정 68쪽
- 온고지신 76쪽
- 유유상종 80쪽
- 이열치열 82쪽
- 일취월장 84쪽
- 자업자득 88쪽

2장 지혜

출발

- 스파게티
- 일취월장
- 유유상종
- 초등학교
- 자업자득
- 이열치열
- 미세먼지
- 고슴도치

도착

➡ 답은 207쪽

가담항설	내유외강	박장대소	자화자찬
감언이설	노발대발	설왕설래	좌불안석
감지덕지	노심초사	유구무언	중구난방
극악무도	단도직입	이구동성	학수고대
금시초문	대성통곡	이심전심	희로애락
기상천외	동문서답	일편단심	

3장 평강이 알려 주는 마음 고사성어

3장 마음 고사성어

가담항설

街 거리 가 　談 말씀 담 　巷 골목 항 　說 말씀 설

무슨 뜻일까요?

속뜻 거리나 골목에 떠도는 말들.
거리에 떠도는 소문이나 이야기를 이르는 말이에요.

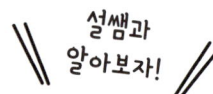

비슷한 속담이 있나요?

소문에 대한 속담으로 '발 없는 말이 천 리 간다.' 라는 말이 있어. 말은 발이 없지만 천 리 밖까지도 순식간에 퍼진다는 뜻이란다.

말을 조심하라는 거잖아요~. 저도 비슷한 속담 알아요. **낮말은 새가 듣고 밤말은 쥐가 듣는다!**

맞아. 아무도 모르게 한 말도 남의 귀에 들어갈 수 있으니 늘 말을 조심하라는 속담이지.

* 이 대화에서 **전하**는 영조, **선조**는 경종을 의미해요.

고사성어를 소리 내어 읽으면서 써 보세요.

| 가 | 담 | 항 | 설 | 가 | 담 | 항 | 설 |
| 가 | 담 | 항 | 설 | 가 | 담 | 항 | 설 |

감언이설

 달 감   말씀 언   이로울 리   말씀 설

무슨 뜻일까요?

속뜻 달콤한 말과 이로운 말.

남의 비위를 맞추는 달콤한 말과 이로운 조건만 들어 그럴듯하게 꾸미는 말을 의미해요.

설쌤과 알아보자!

어떻게 만들어진 말이에요?

당나라에 이임보라는 자가 있었어. 그는 학식이 풍부한 사람이 아니었지만 듣기 좋은 말로 왕의 비위를 잘 맞춰 높은 벼슬을 지냈어.
나라가 혼란에 빠지는 모습을 본 왕은 뒤늦게 후회했고 **감언이설**이라는 말이 만들어졌대.

감언이설만 듣지 말고, 나에게 도움이 되는 말에 귀를 기울여야겠어요.

럭비공, 리코더, 전동 드릴 찾아라!

평강아, 우리 도서관 가지 말고 둘이 떡볶이 먹으러 갈래?

속닥

데, 데이트?

감언이설로 평강 공주님을 꼬드기지 마!

3장 마음

고사성어를 소리 내어 읽으면서 써 보세요.

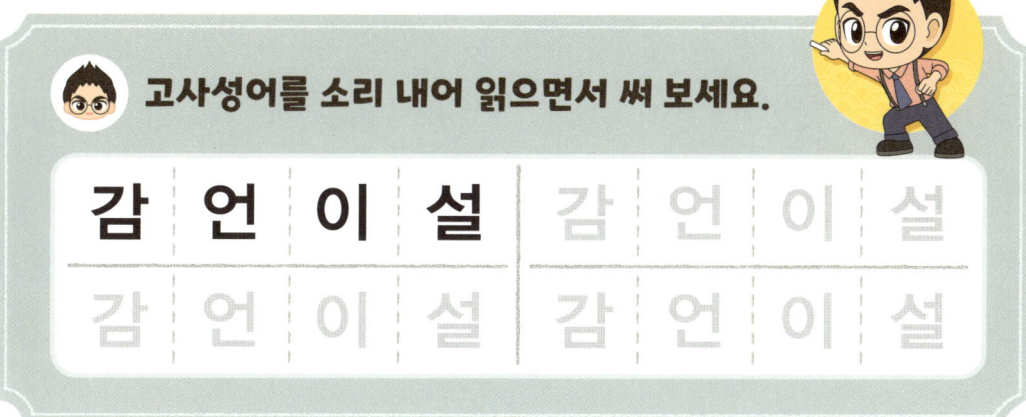

감 언 이 설 | 감 언 이 설
감 언 이 설 | 감 언 이 설

감지덕지

感 느낄 감 / 之 어조사 지 / 德 베풀 덕 / 之 어조사 지

 **무슨 뜻일까요?**

 속뜻 감사하고 은덕으로 여김.
분에 넘치는 것 같아 매우 고맙게 여기는 모양을 이르는 말이에요. 분은 분수, 처지를 의미해요. 즉, 자신의 분수에 넘치는 것 같아 고마워하는 마음을 말해요.

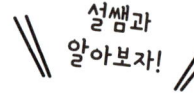

 언제 사용하는 말이에요?

나의 상황에 비해 큰 도움을 받았을 때 "이 정도면 **감지덕지**지."라고 말할 수 있어.

 비슷한 고사성어가 있나요?

 **감개무량**(感慨無量)이라는 말이 있어.
마음에서 느끼는 감동이 끝이 없어 헤아릴 수 없다는 말이야.

 크게 감사할 일이 있을 때 사용하면 좋겠네요!

104

안경, 파프리카, 수세미 **찾아라!**

내가 결혼해 준다는데 싫다고?
감지덕지는 못할망정!

으악~, 무서운 색시는 싫어!

3장 마음

고사성어를 소리 내어 읽으면서 써 보세요.

감	지	덕	지	감	지	덕	지
감	지	덕	지	감	지	덕	지

3장 마음 고사성어

극악무도

極 다할 극 惡 악할 악 無 없을 무 道 길 도

 무슨 뜻일까요?

속뜻 더없이 악하고 인간의 도리를 지키는 일이 없음.

대단히 악하게 굴고 함부로 막 함을 의미해요. 도리는 마땅히 행하여야 할 바른 길이라는 뜻이에요.

 비슷한 속담이 있나요?

'독사의 입에서 독이 나온다.'라는 속담이 있어. 본바탕이 악한 사람은 결국 악한 행동만 함을 비유적으로 이르는 말이야.

극악무도한 엑스맨에게 "독사의 입에서 독이 나온다!"라고 말해 주어야겠어요.

로켓, 콜라 병, 귀이개 찾아라!

앗, 김홍도 선생님! 저 **극악무도**한 자가 *씨름도를 훔쳐가요!

*씨름도: 조선 시대 화가 김홍도의 대표작으로, 씨름하는 모습을 실감나게 묘사한 그림.

3장 마음

고사성어를 소리 내어 읽으면서 써 보세요.

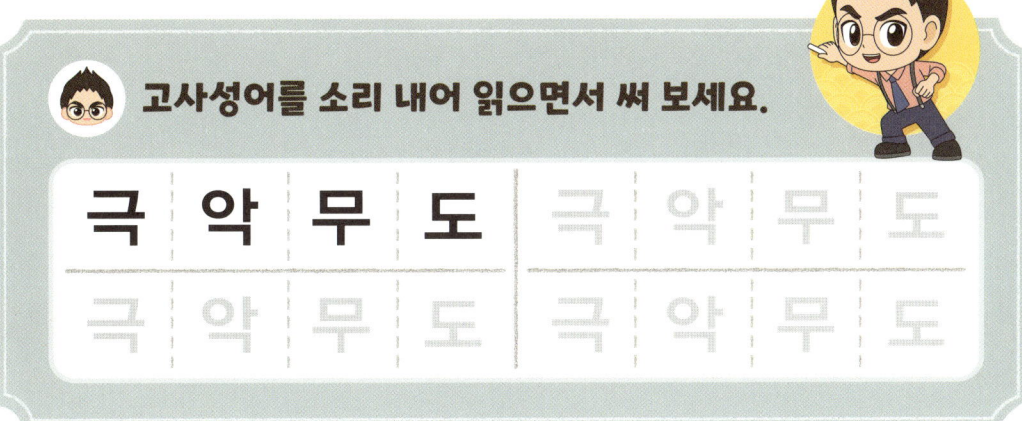

| 극 | 악 | 무 | 도 | 극 | 악 | 무 | 도 |
| 극 | 악 | 무 | 도 | 극 | 악 | 무 | 도 |

금시초문

 이제 금　 비로소 시　 처음 초　 들을 문

설쌤과 알아보자!

무슨 뜻일까요?

속뜻 바로 지금 비로소 처음 들음.
어떤 이야기를 처음 겪거나 듣게 되었을 때 쓰는 말이에요.

언제 사용하는 말이에요?

어떤 이야기를 처음 들었을 때, "**금시초문**이야!"라고 말할 수 있어. 새로운 이야기에 대해 놀람과 흥미를 표현하기에 좋아.

비슷한 속담이 있나요?

'**이름도 성도 모른다.**'라는 속담이 있어. 어떤 사람에 대해 아무것도 알지 못함을 의미해.

삽, 병따개, 계란프라이 찾아라!

"온달아, 정말 *안중근 의사를 모른다고?"

"금시초문이에요."

*안중근: 일제강점기의 독립운동가.

3장 마음

고사성어를 소리 내어 읽으면서 써 보세요.

| 금 | 시 | 초 | 문 | 금 | 시 | 초 | 문 |
| 금 | 시 | 초 | 문 | 금 | 시 | 초 | 문 |

기상천외

 기이할 기   생각 상   하늘 천   밖 외

무슨 뜻일까요?

속뜻 기이한 생각이 하늘 밖에 이름.
상상할 수 없을 만큼 생각이 기발하고 엉뚱함을 의미해요.

언제 사용하는 말이에요?

보통 사람은 짐작할 수 없을만한 엉뚱한 일이나 기발한 사람한테 쓸 수 있어.
친구가 창의적이고 독특한 아이디어를 냈을 때 "**기상천외**한 생각을 했네!"라고 말할 수 있지.

로빈이가 엉뚱한 행동을 할 때도 **기상천외**한 행동이라고 표현할 수 있겠네요!

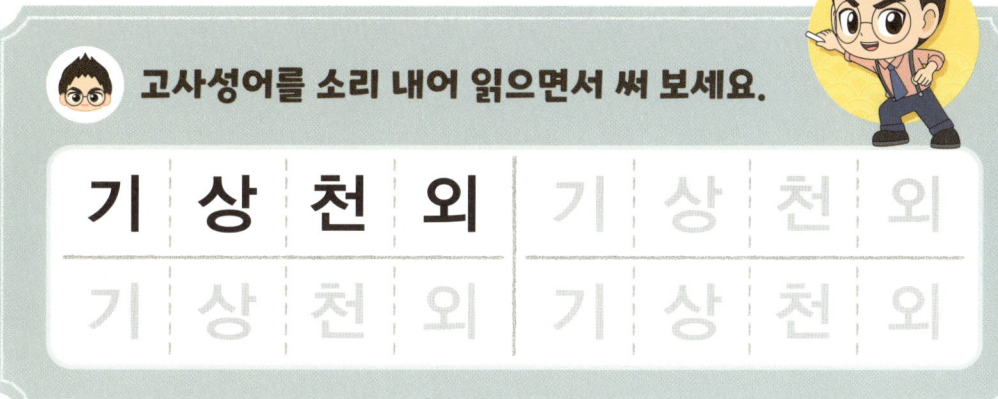

고사성어를 소리 내어 읽으면서 써 보세요.

기	상	천	외	기	상	천	외
기	상	천	외	기	상	천	외

내유외강

 안 내　 부드러울 유　 밖 외　 굳셀 강

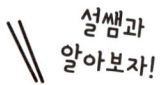

무슨 뜻일까요?

속뜻 속은 부드러우나 겉으로는 강하게 보임.
마음이 부드러운데도 겉으로 보기에는 강하게 보임을 의미해요.

비슷한 고사성어가 있나요?

내유외강은 **외강내유**라고도 해. 반면 **외유내강**은 '겉은 부드러우나 안은 대단히 강함.'을 뜻하는데 **내유외강**과 정반대의 의미 같지만, 부드러움과 강직함을 갖춘 사람을 말할 때 쓸 수 있어.

그렇군요! 부드러움과 강직함을 두루 갖춘 **외유내강**인 사람이 되기 위해 노력해야겠어요!

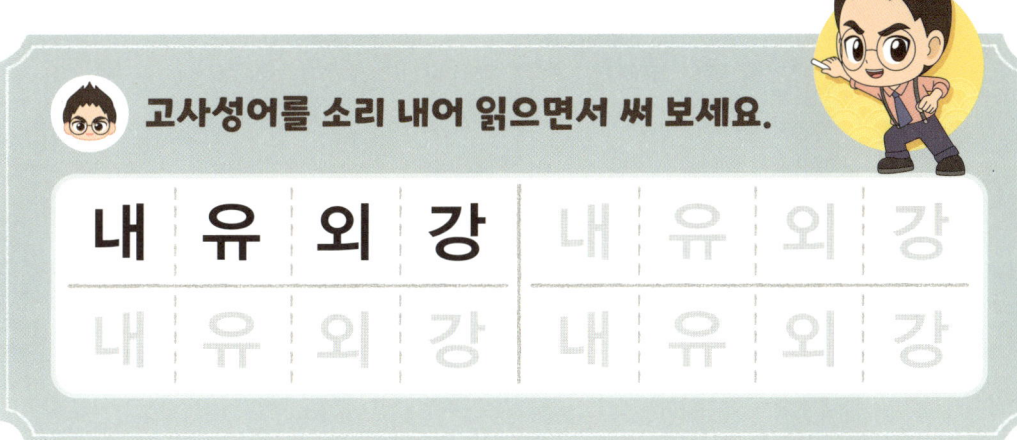

고사성어를 소리 내어 읽으면서 써 보세요.

| 내 | 유 | 외 | 강 | 내 | 유 | 외 | 강 |
| 내 | 유 | 외 | 강 | 내 | 유 | 외 | 강 |

노발대발

怒 성낼 노　發 드러낼 발　大 큰 대　發 드러낼 발

무슨 뜻일까요?

속뜻 성 내기를 크게 함.
크게 화를 내는 모습을 가리키는 말이에요.

설쌤과 알아보자!

비슷한 속담이 있나요?

화를 내는 모습에 대한 속담으로
'방귀 뀐 놈이 성낸다.' 가 있어.
자기가 방귀를 뀌고 남한테 성낸다는 말로,
잘못을 저지른 사람이 오히려 화를 낸다는 의미야.

화가 나도 **노발대발**하기보다는 상황을 먼저
이해하고 마음을 표현하는 것이 좋겠어요!

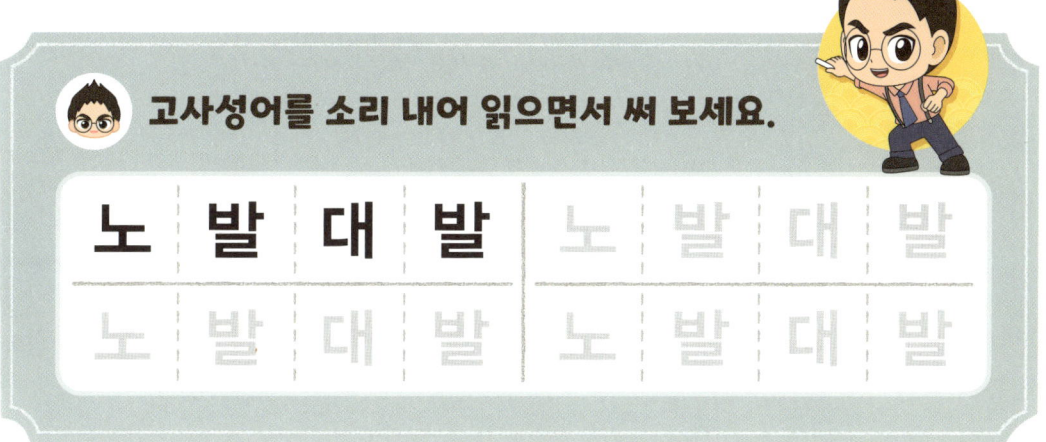

3장 마음 고사성어

노심초사

 일할 로
 마음 심
 태울 초
 생각 사

설쌤과 알아보자!

무슨 뜻일까요?

속뜻 애를 쓰고 속을 태우며 골똘히 생각함.
몹시 애를 태우는 모습을 의미해요.
애는 초조한 마음속이에요.

비슷한 속담이 있나요?

초조한 마음에 대한 속담이 있지! '가지 많은 나무에 바람 잘 날이 없다.'라는 속담이야. 가지와 잎이 많은 나무는 바람에 쉽게 흔들리거든. 자식이 많은 부모님은 자식에 대한 걱정이 하루도 끊이지 않는다는 의미야.

집에 늦게 갔을 때 저를 기다리며 **노심초사**하셨던 부모님이 생각나는 속담이네요.

콩나물, 참치 캔, 사탕 **찾아라!**

혹시 온달이가 떡볶이에 홀랑 넘어가서 다른 여자 아이와 놀고 있는 거 아닐까요?

그렇게 **노심초사**하지 말고 따라가 보세요.

3장 마음

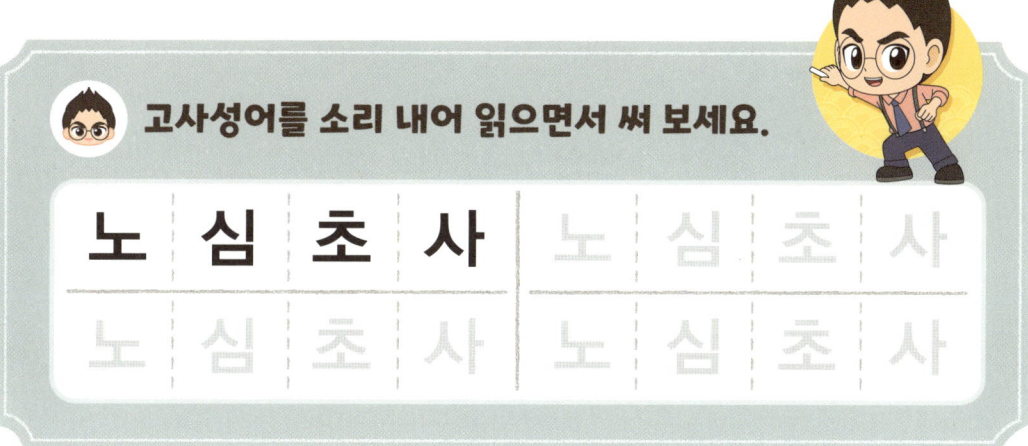

고사성어를 소리 내어 읽으면서 써 보세요.

| 노 | 심 | 초 | 사 | 노 | 심 | 초 | 사 |
| 노 | 심 | 초 | 사 | 노 | 심 | 초 | 사 |

3장 마음 고사성어

단도직입

單 홑 단　刀 칼 도　直 곧을 직　入 들 입

무슨 뜻일까요?

속뜻 한 자루 칼을 휘두르며 적진으로 곧장 쳐들어 감.

여러 말을 늘어놓지 않고 바로 본론에 들어가 요점을 말하는 것을 의미해요.

설쌤과 알아보자!

어떻게 만들어진 말이에요?

장군이 한 자루의 칼을 휘두르며 거침없이 적진으로 쳐들어 가는 모습에서 만들어진 말이야.
요점만 바로 말해야 할 때 사용할 수 있어.
단도직입적으로 말하는 게 좋을 때가 있지.

비슷한 고사성어도 있나요?

거두절미(去頭截尾)라는 말이 있지.
'머리를 없애고 꼬리를 자름'이라는 뜻으로, 요점만 남기고 말의 앞뒤로 쓸데없는 말을 빼는 것을 의미해.

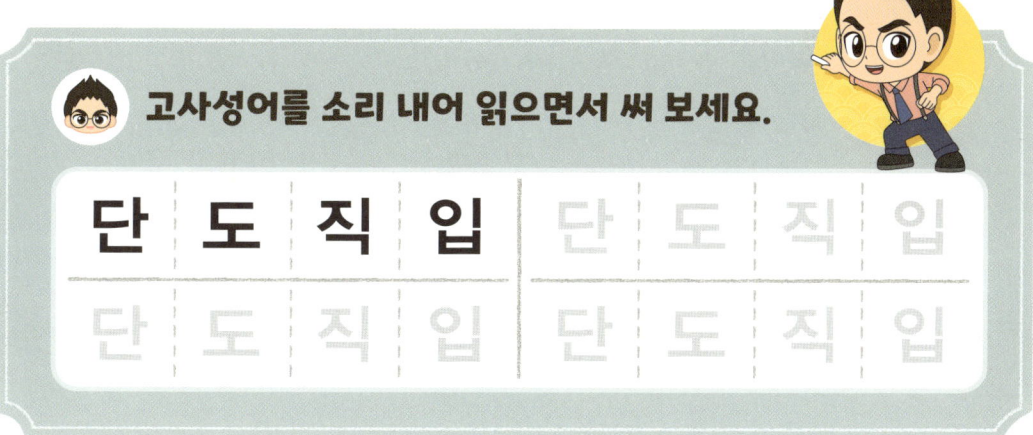

반죽 밀대, 후추 그라인더, 휴지통 찾아라!

넌 나쁜 도둑일 뿐이야!

뭐? 감히 이 엑스맨에게 그렇게 **단도직입**적으로 말하다니!

3장 마음

고사성어를 소리 내어 읽으면서 써 보세요.

| 단 | 도 | 직 | 입 | 단 | 도 | 직 | 입 |
| 단 | 도 | 직 | 입 | 단 | 도 | 직 | 입 |

대성통곡

大 큰 대　聲 소리 성　痛 아플 통　哭 울 곡

무슨 뜻일까요?

속뜻 큰 소리로 목이 아프도록 욺.

큰 소리로 슬프게 우는 모습을 표현하는 말이에요.

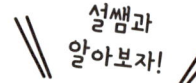

언제 사용하는 말이에요?

친구가 큰 소리로 우는 모습을 보고 "**대성통곡**하는 널 보니 마음이 아파."라고 말할 수 있을 거야.

'비 온 뒤에 땅이 굳어진다.'라는 속담도 같이 알려 주는 것도 좋겠어요.

그래. 어려움을 겪고 난 뒤 더 강해진다는 위로를 해 줄 수 있는 속담이구나.

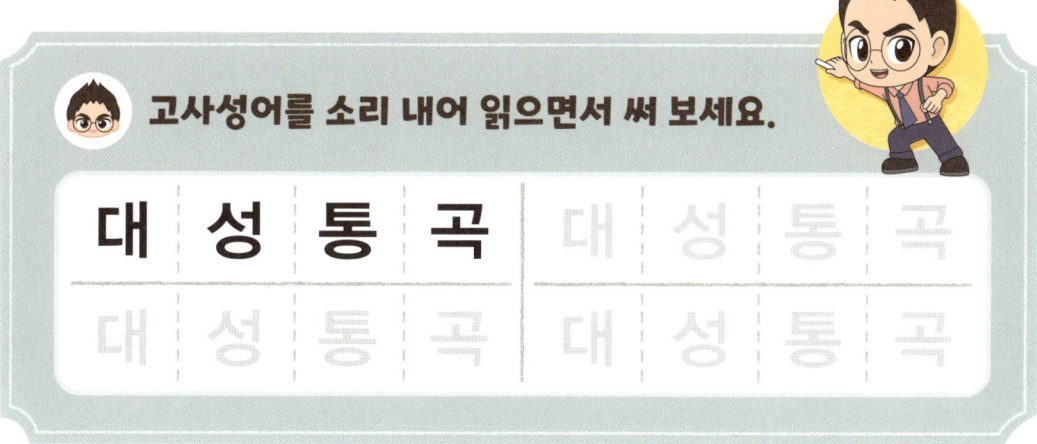

고사성어를 소리 내어 읽으면서 써 보세요.

| 대 | 성 | 통 | 곡 | 대 | 성 | 통 | 곡 |
| 대 | 성 | 통 | 곡 | 대 | 성 | 통 | 곡 |

 동녘 동 물을 문 서녘 서 답할 답

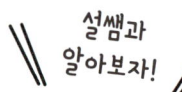

무슨 뜻일까요?

속뜻 동쪽이 어디냐고 묻는데 서쪽을 가리키며 대답함.

묻는 말에 대하여 아주 엉뚱하게 대답하는 모습을 의미해요.

비슷한 속담이 있나요?

'**익은 밥 먹고 선소리한다.**'라는 속담이 있어. 선소리란 이치에 맞지 않은 서툰 말을 의미해. 경우에 맞지 않은 말을 하는 경우를 이르는 말이야.

동문서답하거나 선소리하지 않도록 상대방의 말을 잘 듣고 대답해야겠어요.

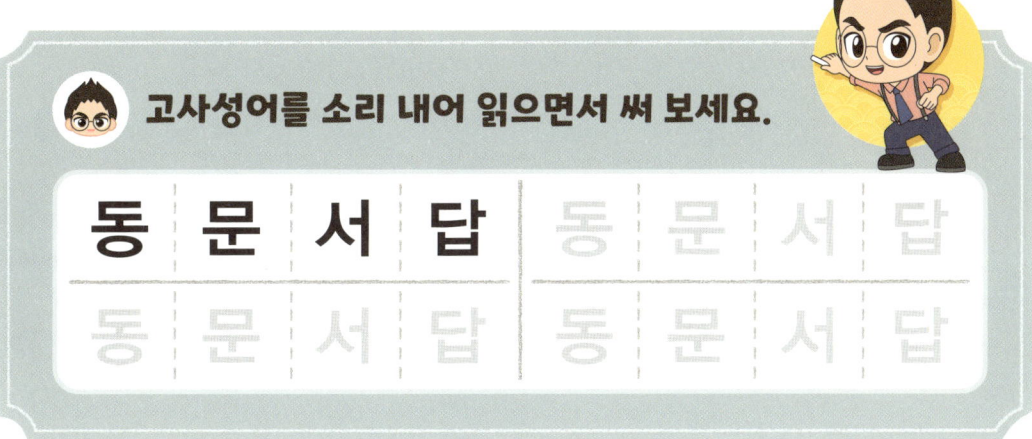

박장대소

칠박 손바닥장 큰대 웃을소

무슨 뜻일까요?

속뜻 손바닥을 치며 크게 웃음.
손뼉을 치며 한바탕 크게 웃음을 의미해요.

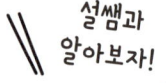
설쌤과 알아보자!

비슷한 속담이 있나요?

웃음에 대한 속담이 있지!
'**웃는 낯에 침 뱉으랴.**'라는 말이 있어.
웃는 얼굴로 대하는 사람에게는
침을 뱉을 수 없다는 속담이야.

웃는 얼굴로 좋게 대하는 사람에게는
나쁘게 대할 수 없다는 의미군요!

고사성어를 소리 내어 읽으면서 써 보세요.

박 장 대 소

설왕설래

說 말씀 설　往 갈 왕　說 말씀 설　來 올 래

무슨 뜻일까요?

속뜻 말이 가고 말이 오고 함.
옳고 그름을 따지느라 옥신각신함을 의미해요.
옥신각신이란 서로 옳으니 그르니 하며 다투는 모습을 말해요.

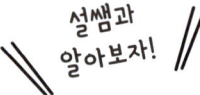

비슷한 속담이 있나요?

말다툼에 대한 속담이 있지. '**가루는 칠수록 고와지고 말은 할수록 거칠어진다.**'라는 속담이야. 말이 길어질수록 거칠어져 결국 말다툼을 하게 된다는 의미야.

 설왕설래하며 말이 길어지면 말다툼을 하게 되기 마련이죠!

말굽자석, 비녀, 꿀벌 찾아라!

1년!

3년!

상복 입는 기간이 저렇게까지 **설왕설래**해야 하는 일인가요?

*예송논쟁은 예법 문제를 넘어 왕의 정통성을 논하는 일이기도 합니다.

3장 마음

* **예송논쟁**: 조선 시대에 왕실의 상복 입는 기간을 두고 벌어진 갈등.

고사성어를 소리 내어 읽으면서 써 보세요.

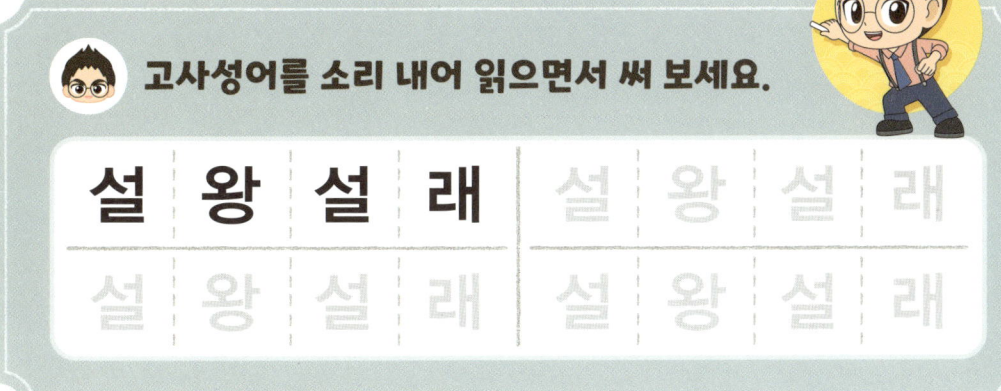

| 설 | 왕 | 설 | 래 | 설 | 왕 | 설 | 래 |
| 설 | 왕 | 설 | 래 | 설 | 왕 | 설 | 래 |

유구무언

有 있을 유 　 口 입 구 　 無 없을 무 　 言 말씀 언

무슨 뜻일까요?

속뜻 입은 있으나 할 말이 없음.
변명할 말이 없음을 의미해요.
잘못이 분명해서 변명할 길이 없을 때 사용해요.

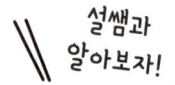

비슷한 속담이 있나요?

'입이 열 개라도 할 말이 없다.'라는 속담이 있어. 잘못이 명백히 드러나 변명의 여지가 없음을 비유적으로 이르는 말이야.

내 잘못이 분명할 때는 할 말이 없지요.
유구무언일 수밖에 없겠네요.

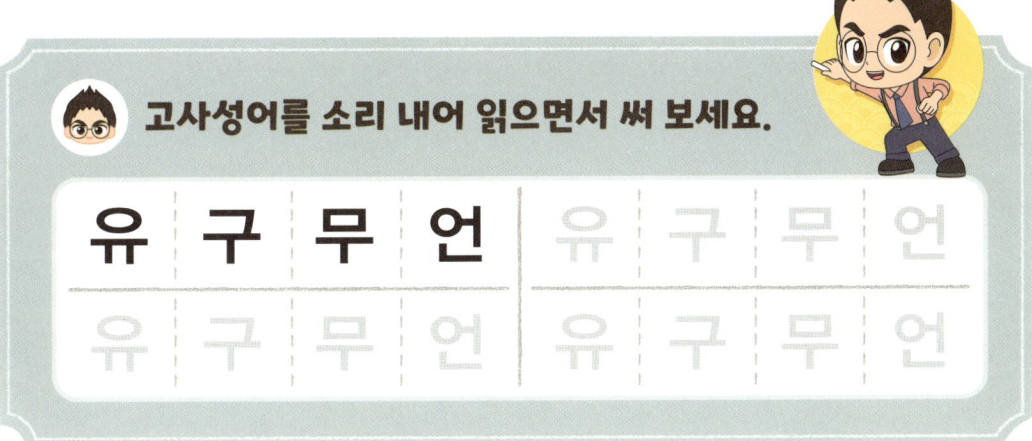

고사성어를 소리 내어 읽으면서 써 보세요.

유	구	무	언	유	구	무	언
유	구	무	언	유	구	무	언

이구동성

異 다를 이　口 입 구　同 같을 동　聲 소리 성

무슨 뜻일까요?

속뜻 각기 다른 입에서 같은 소리를 냄.
여러 사람의 말이 한결같음을 이르는 말이에요.
즉, 여러 사람의 의견이 일치한다는 뜻이에요.

설쌤과 알아보자!

비슷한 고사성어가 있나요?

만장일치(滿場一致)라는 고사성어가 있어. 한 장소에 가득 찬 사람들의 의견이 일치했다는 뜻이야.

여러 사람들의 의견이 일치할 때 **이구동성, 만장일치**라는 표현을 쓸 수 있겠어요!

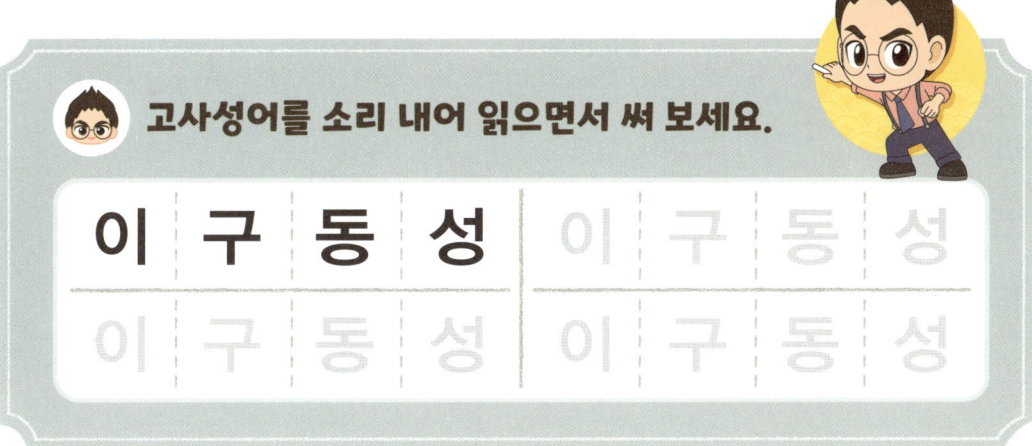

고사성어를 소리 내어 읽으면서 써 보세요.

이	구	동	성	이	구	동	성
이	구	동	성	이	구	동	성

이심전심

以 부터 이　心 마음 심　傳 전할 전　心 마음 심

무슨 뜻일까요?

속뜻 마음으로부터 마음을 전함.
서로 마음이 잘 통함을 이르는 말이에요.

설쌤과 알아보자!

어떻게 만들어진 말이에요?

어느 날 석가모니가 제자들을 불러 모았어. 석가는 한동안 아무 말도 하지 않고 연꽃 한 송이를 집어 말없이 비틀어 보였대. 제자들은 가만히 있었지만, 제자 중 한 명인 가섭만 미소를 지었어. 석가는 "내 뜻을 너만이 알고 있구나."라고 말했다고 해. 석가는 이렇게 **이심전심**으로 제자들을 가르쳤다고 해.

석가와 가섭은 **이심전심**으로 마음과 마음이 통했군요.

활, 열쇠, 드럼 스틱 찾아라!

로빈, 뭐하는 거야?

이심전심이라, 나는 네 뜻을 안단다.

뭔데요? 로빈이 왜 그래요?

3장 마음

고사성어를 소리 내어 읽으면서 써 보세요.

| 이 | 심 | 전 | 심 | 이 | 심 | 전 | 심 |
| 이 | 심 | 전 | 심 | 이 | 심 | 전 | 심 |

3장 마음 고사성어

일편단심

一 한 일　片 조각 편　丹 붉을 단　心 마음 심

무슨 뜻일까요?

속뜻 한 조각의 붉은 마음

변치 않는 참된 마음을 이르는 말이에요.
변하지 않는 충성심이나 사랑, 끈기 등을 나타낼 때 사용해요.

설쌤과 알아보자!

비슷한 속담이 있나요?

'**우물을 파도 한 우물만 파라.**'라는 속담이 있어. 땅을 여기저기 파다 보면 우물을 제대로 팔 수 없겠지?
한 가지 일을 끝까지 해야 성공할 수 있다는 의미의 속담이란다.

한 가지 일만 **일편단심**으로 끈기 있게 하라는 속담이군요!

선풍기, 박쥐, 고데기 찾아라!

해바라기의 꽃말은 **일편단심**이래~.

음~, 치킨을 향한 내 마음과 같네.

빨리 가자.

3장 마음

고사성어를 소리 내어 읽으면서 써 보세요.

일	편	단	심	일	편	단	심
일	편	단	심	일	편	단	심

자 화 자 찬

 스스로 자
 그림 화
 스스로 자
 기릴 찬

 **무슨 뜻일까요?**

속뜻 자기가 그린 그림을 스스로 칭찬함.
자기가 한 일을 자기 스스로 자랑함을 의미해요.

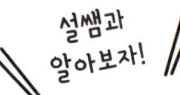

비슷한 속담이 있나요?

자신의 능력을 과장해서 칭찬하는 모습을 표현하는 말이 있어.
'**빈 수레가 요란하다.**'라는 속담이야.
빈 수레에서 덜컹덜컹 요란한 소리가 나는 것처럼, 잘 알지 못하는 사람이 더 아는 체한다는 말이지.

자신의 능력에 자신감을 갖는 것은 중요하지만 지나치게 자랑하는 건 좋지 않겠어요!

새, 모자, 수첩 찾아라!

*김홍도 선생님, 잘 그렸죠?
자화자찬이지만 저, 천재일지도요?

*김홍도: 조선 시대의 화가.

고사성어를 소리 내어 읽으면서 써 보세요.

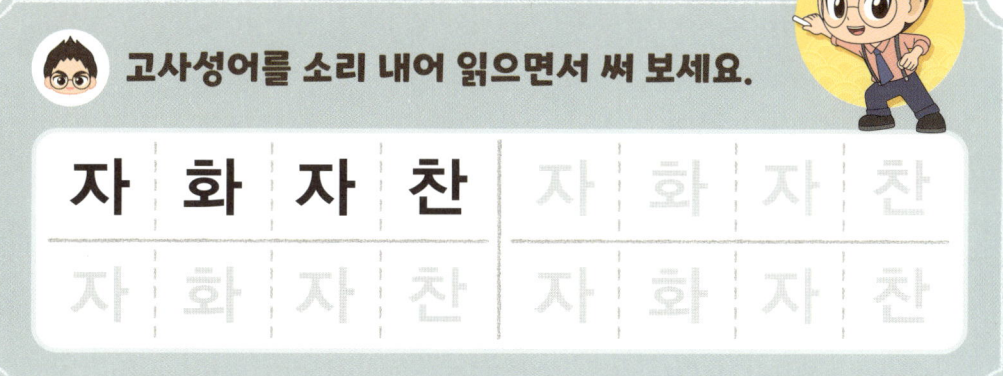

| 자 | 화 | 자 | 찬 | 자 | 화 | 자 | 찬 |
| 자 | 화 | 자 | 찬 | 자 | 화 | 자 | 찬 |

3장 마음

좌불안석

 坐 앉을 좌　 不 아닐 불　 安 편안할 안　 席 자리 석

무슨 뜻일까요?

속뜻 앉아도 자리가 편안하지 않음.

마음이 불안하거나 걱정스러워 가만히 앉아 있지 못하고 안절부절 걱정하는 모양을 이르는 말이에요.

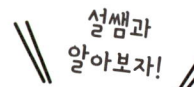

비슷한 속담이 있나요?

'**바람 앞의 등불**'이라는 속담이 있어. 등불이 바람 앞에서 언제 꺼질지 몰라 불안한 상황을 표현한 말이야.

위태로운 상황이나 마음을 표현할 수 있는 속담이네요!

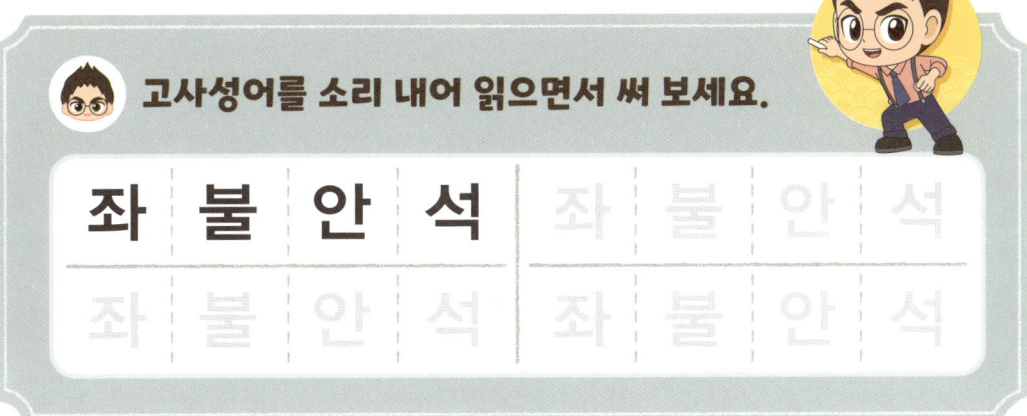

중구난방

- 무리 중
- 입 구
- 어려울 난
- 막을 방

 **무슨 뜻일까요?**

 여러 사람의 입을 막기 어려움.

막기 어려울 정도로 여러 명이 마구 떠드는 것을 의미해요.

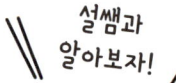

 비슷한 속담이 있나요?

'사공이 많으면 배가 산으로 간다.'라는 속담이 있지. 한 배에 탄 여러 명의 사공이 각자의 방식대로 배를 저으면 맞는 방향으로 나아가기 어렵다는 말이야.

 여러 사람이 자기 의견만 내세우면 일이 잘 되지 않는다는 뜻이군요!

*허준: 조선 시대 의학자로, 의학서 <동의보감>의 저자.

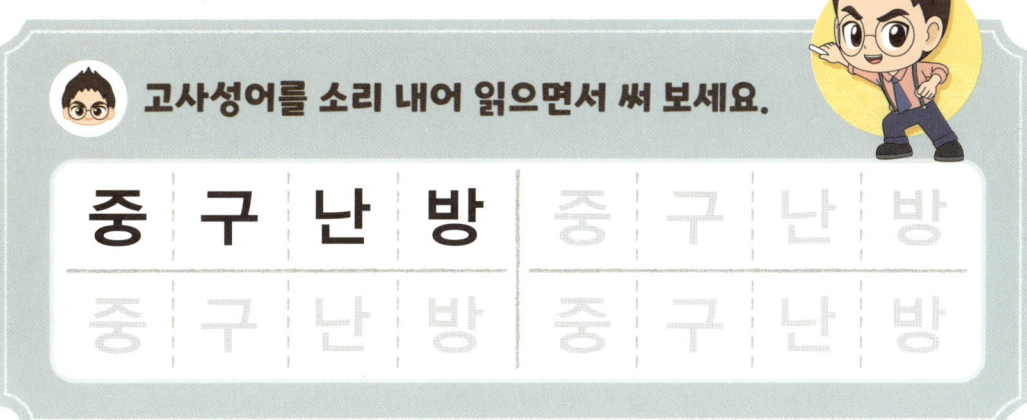

고사성어를 소리 내어 읽으면서 써 보세요.

중	구	난	방	중	구	난	방
중	구	난	방	중	구	난	방

학 수 고 대

鶴 두루미 학 　 首 머리 수 　 苦 괴로울 고 　 待 기다릴 대

무슨 뜻일까요?

속뜻 학처럼 머리를 쭉 빼고 애태우며 기다림.
간절한 마음으로 몹시 기다리는 마음을 의미해요.

설쌤과 알아보자!

비슷한 속담이 있나요?

기다리는 마음을 표현한 속담이 있지. **'대한 칠 년 비 바라듯.'** 이라는 속담이야. 대한은 큰 가뭄을 의미해.

7년이나 이어진 큰 가뭄에 비 오기를 바라는 것만큼 간절한 마음을 의미하는 속담이군요.

고무장갑, 청소 솔, 스포이트 찾아라!

아바마마께서 **학수고대**하던 사람을 찾았어요!

온달이와 혼인시켜 주세요!

아, 안돼요…!

3장 마음

고사성어를 소리 내어 읽으면서 써 보세요.

학	수	고	대	학	수	고	대
학	수	고	대	학	수	고	대

3장 마음 고사성어

희로애락

 喜 기쁠 희
 怒 성낼 노
 哀 슬플 애
 樂 즐길 락

무슨 뜻일까요?

속뜻 기쁨과 노여움과 슬픔과 즐거움.
사람의 온갖 감정을 의미해요.

설쌤과 알아보자!

언제 사용하는 말이에요?

희로애락은 기쁨, 노여움, 슬픔, 즐거움뿐만 아니라 여러 복잡한 감정에 대해 말하고 싶을 때 사용할 수 있어.

사람의 모든 감정을 표현할 수 있는 고사성어군요!

그래. 그리고 사람이 살면서 여러 감정을 느낀다는 점에서, 인간의 삶 자체를 표현하는 말이라고도 볼 수 있지.

가위, 구급 상자, 핀셋 **찾아라!**

훗, 게임에서 지고 있나 봐요.

온달이는 **희로애락**이 잘 드러나서 알기 쉬워요.

공주님도 마찬가지예요.

3장 마음

고사성어를 소리 내어 읽으면서 써 보세요.

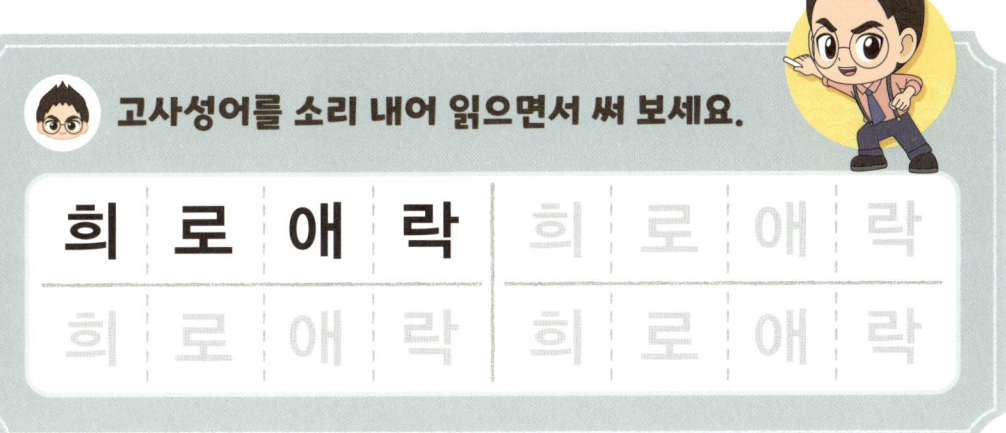

| 희 | 로 | 애 | 락 | 희 | 로 | 애 | 락 |
| 희 | 로 | 애 | 락 | 희 | 로 | 애 | 락 |

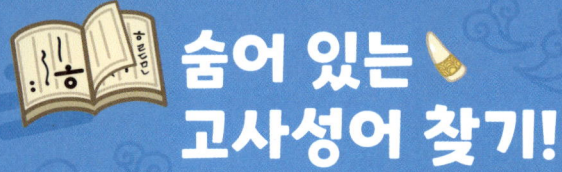

숨어 있는 고사성어 찾기!

게임 방법

고사성어가 꼬불꼬불 숨어 있어요!
가로, 세로, 대각선으로 글자를
잘 읽어보아요.
숨어 있는 단어는 평강이가
알려 주고 있어요.

나	고	인	적	노	유	시	간	거	생
방	승	도	현	자	전	거	와	동	선
발	도	극	악	무	도	이	어	문	물
흑	치	아	이	돌	파	너	호	서	김
고	형	타	은	이	산	풍	래	답	이
우	산	박	레	파	박	고	유	치	환
일	강	크	덕	수	궁	장	동	지	금
기	희	로	애	락	발	사	대	직	수
장	구	동	심	비	승	오	문	소	마
초	등	학	생	밀	이	하	안	조	람

고사성어를 다시 확인하자!

- 극악무도 106쪽
- 동문서답 122쪽
- 박장대소 124쪽
- 희로애락 144쪽

묻는 말에 대하여 아주 엉뚱하게 대답하는 모습을 의미하는
東問西答 **동문서답!**

사람의 온갖 감정을 의미하는
喜怒哀樂 **희로애락!**

대단히 악하게 굴고 함부로 막 함을 의미하는
極惡無道 **극악무도!**

손뼉을 치며 한바탕 크게 웃음을 의미하는
拍掌大笑 **박장대소!**

➡ 답은 207쪽

개과천선	동분서주	승승장구	인과응보
경거망동	문전성시	시종일관	일석이조
고군분투	백전백승	십중팔구	작심삼일
구사일생	비일비재	우왕좌왕	좌충우돌
금의환향	살신성인	우유부단	호의호식
기고만장	속수무책	위기일발	

개 과 천 선

改 고칠 개 過 지나칠 과 遷 바꿀 천 善 착할 선

무슨 뜻일까요?

속뜻 잘못을 고치고 착한 마음으로 바뀜.
지난 잘못을 뉘우치고 옳은 길로 들어섬을 의미해요.

설쌤과 알아보자!

어떻게 만들어진 말이에요?

위·촉·오 삼국시대를 통일한 서진 시대에 행실이 좋지 않은 주처라는 자가 살고 있었어. 사람들이 해로운 세 가지로 호랑이, 용, 주처를 꼽았는데 이를 알게 된 주처는 자신의 잘못을 뉘우치고 고치겠다고 결심했어. 주처는 목숨을 걸고 호랑이, 용을 없앴고, 10여 년 동안 학문을 갈고 닦아 훌륭한 학자가 되었단다. 이 이야기를 토대로 당나라 때 만들어진 말이야.

주처는 **개과천선**하여 훌륭한 학자가 되었군요!

칫솔, 어금니, 팽이 찾아라!

"엑스맨이 착한 일을! **개과천선**한 걸까요?"

"그럴 리가요! 속셈이 있을 겁니다."

4장 상황

고사성어를 소리 내어 읽으면서 써 보세요.

| 개 | 과 | 천 | 선 | 개 | 과 | 천 | 선 |
| 개 | 과 | 천 | 선 | 개 | 과 | 천 | 선 |

경거망동

 가벼울 경   들 거   망령될 망   움직일 동

무슨 뜻일까요?

속뜻 가벼이 몸을 들거나 함부로 움직임.
경솔하게 함부로 행동함을 의미해요.
일의 앞뒤를 생각하지 않는 행동을 이르는 말이에요.

비슷한 속담이 있나요?

신중함에 대한 중요성을 알려주는 말이 있지. **'길이 아니거든 가지 말고 말이 아니거든 듣지 말라.'** 라는 속담이야.

경거망동하지 말아야 하는 것처럼 올바른 길인지, 적절한 말인지 신중하게 생각해야 한다는 속담이군요.

그래. 말과 행동을 소홀하게 하지 말고, 정도에 어긋나는 일은 아예 처음부터 하지 말라는 뜻이란다. 정도란 올바른 길을 의미해.

설쌤과 알아보자!

브로콜리, 소시지, 붕어빵 찾아라!

전하, 괜찮으십니까?

네 이놈!

경거망동하지 말거라. 조금 부딪혔을 뿐이다.

4장 상황

고사성어를 소리 내어 읽으면서 써 보세요.

| 경 | 거 | 망 | 동 | 경 | 거 | 망 | 동 |
| 경 | 거 | 망 | 동 | 경 | 거 | 망 | 동 |

4장 상황 고사성어

고군분투

孤 외로울 고 軍 군사 군 奮 떨칠 분 鬪 싸울 투

무슨 뜻일까요?

속뜻 수가 적어 외로운 군대이지만 용맹을 떨치며 싸움.

적은 인원으로 어려운 일을 악착스럽게 해냄을 의미해요. 남의 도움을 받지 않고 힘에 벅찬 일을 잘 해나가는 모습을 표현할 수 있어요.

비슷한 속담이 있나요?

어려운 일을 열심히 하는 모습을 생각하니 '공든 탑이 무너지랴.'라는 속담이 생각나는구나. 힘과 정성을 다하여 한 일은 반드시 그 결과가 헛되지 않다는 의미지.

고군분투하여 얻은 결과는 결코 헛되지 않다는 교훈이 느껴지네요!

설쌤과 알아보자!

오징어, 탁자, 커피 잔 **찾아라!**

빨리요!

온달이 혼자 **고군분투**하고 있어요!

4장 상황

고사성어를 소리 내어 읽으면서 써 보세요.

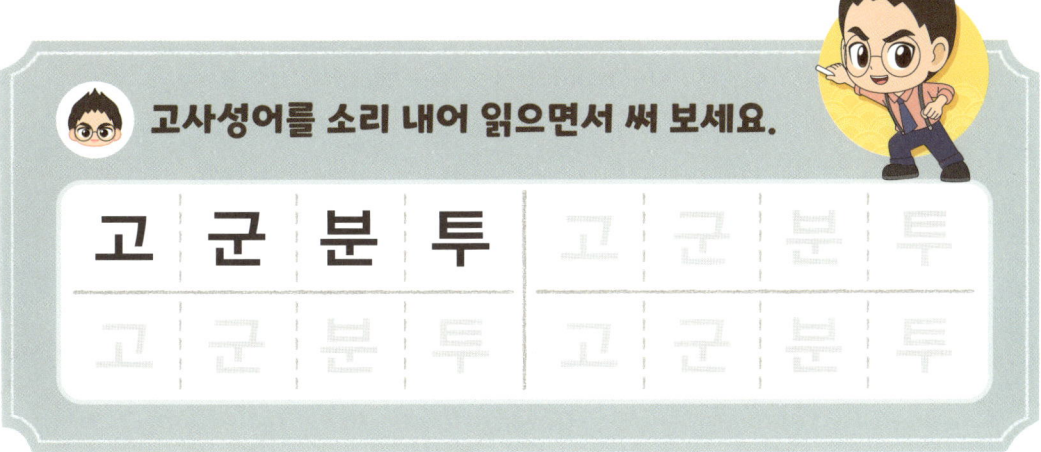

| 고 | 군 | 분 | 투 | 고 | 군 | 분 | 투 |
| 고 | 군 | 분 | 투 | 고 | 군 | 분 | 투 |

4장 상황 고사성어

구사일생

九 아홉 구 死 죽을 사 一 한 일 生 살 생

 무슨 뜻일까요?

속뜻 아홉 번 죽을 고비를 넘기고 다시 한 번 살아남.

죽을 고비를 여러 차례 넘기고 겨우 살아남을 이르는 말이에요.

 비슷한 속담이 있나요?

'하늘이 무너져도 솟아날 구멍이 있다.'라는 속담이 있어. 하늘이 무너지는 것만큼 어려운 상황에서도, 벗어날 방법은 반드시 있다는 뜻이야.

아무리 힘든 상황이어도 해결할 방법은 있다는 지혜가 엿보이는 속담이네요!
아홉 번의 힘든 일이 찾아와도 쉽게 포기하지 말고, **구사일생**으로 살아남을 각오로 방법을 찾아야겠어요!

설쌤과 알아보자!

빨래 집게, 펜치, 고둥 찾아라!

앗, 온달아! 괜찮니?

왈!

보다시피 **구사일생**이야…. 겨우 살았네….

4장 상황

고사성어를 소리 내어 읽으면서 써 보세요.

| 구 | 사 | 일 | 생 | 구 | 사 | 일 | 생 |
| 구 | 사 | 일 | 생 | 구 | 사 | 일 | 생 |

금의환향

錦 비단 금 　衣 옷 의 　還 돌아올 환 　鄉 시골 향

무슨 뜻일까요?

속뜻 비단으로 만든 옷을 입고 고향에 돌아옴.
성공을 거둔 후 고향으로 돌아옴을 의미해요.

어떻게 만들어진 말이에요?

옛날에는 비단으로 만든 옷이 출세의 상징이었대. 그래서 성공을 거둔 후 비단 옷을 입고 고향으로 돌아와 사람들의 환영을 받는 모습에서 **금의환향**이라는 말이 만들어졌어.

비슷한 속담이 있나요?

'**개천에서 용 난다.**'라는 속담이 있어. 좋지 못한 환경에서 훌륭한 인물이 나왔다는 의미란다.

설쌤과 알아보자!

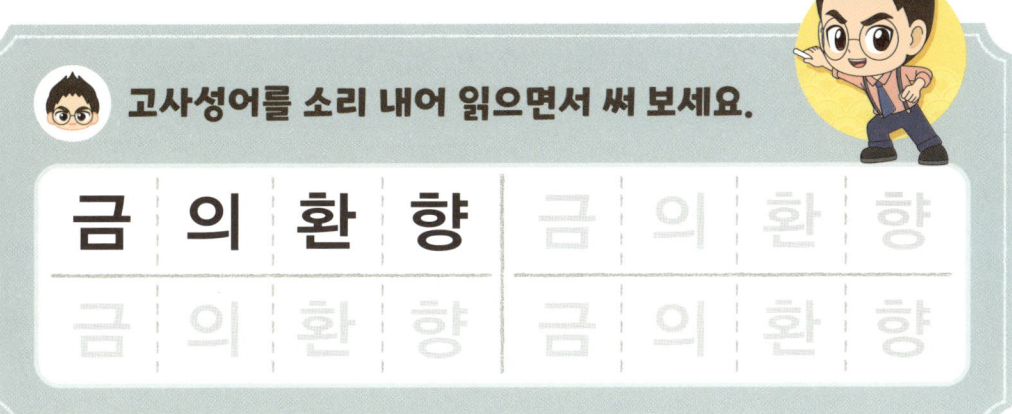

고사성어를 소리 내어 읽으면서 써 보세요.

| 금 | 의 | 환 | 향 | 금 | 의 | 환 | 향 |
| 금 | 의 | 환 | 향 | 금 | 의 | 환 | 향 |

4장 상황 고사성어

기고만장

氣 기운 기　高 높을 고　萬 일만 만　丈 길이 장

무슨 뜻일까요?

 속뜻 기세의 높은 정도가 만장 정도나 됨.
일이 뜻대로 잘되어 뽐내는 기세가 대단함을 비유하는 말이에요.

설쌤과 알아보자!

비슷한 속담이 있나요?

뽐내는 모습을 이르는 속담이 있지. **'개구리 올챙이적 생각 못 한다.'** 라는 말이야. 지난날의 어려웠던 때를 생각하지 않고 처음부터 잘난 듯이 뽐낸다는 의미란다.

지난날을 잊고 **기고만장** 하기보다는 겸손하게 행동해야겠네요!

호두, 개미, 개껌 찾아라!

으하하!
너희를 제압하는 건
엑스맨님에게
식은 죽 먹기지!

언제까지
기고만장할 수 있을지
두고 보자.

4장 상황

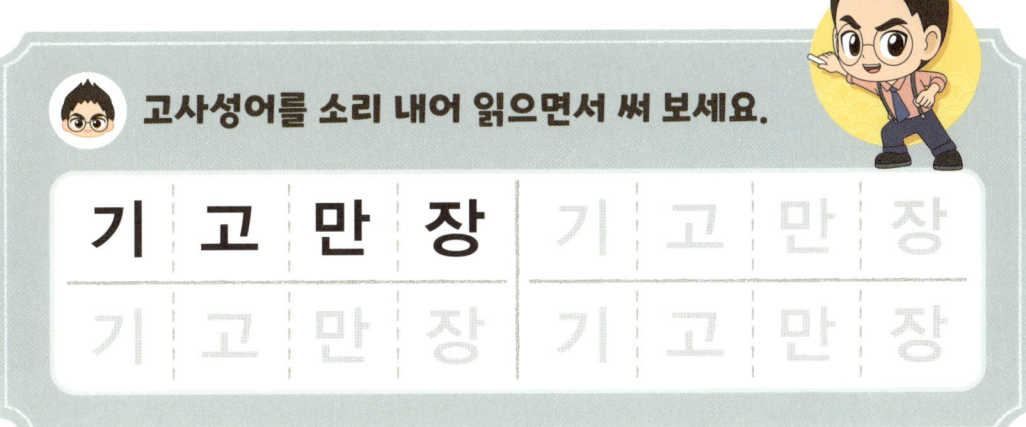

고사성어를 소리 내어 읽으면서 써 보세요.

기	고	만	장	기	고	만	장
기	고	만	장	기	고	만	장

 동녘 동   달릴 분   서녘 서   달릴 주

무슨 뜻일까요?

속뜻 동쪽으로 달리다가 서쪽으로 달림.
여기저기 분주하게 다님을 의미해요.

비슷한 속담이 있나요?

'동에 번쩍 서에 번쩍'이라는 속담이 있어. 종적을 걷잡을 수 없을 만큼 왔다 갔다 함을 이르는 말이야. 종적은 떠난 뒤 남는 자취를 말해.

동분서주하게 다니는 로빈이를 보고 '동에 번쩍 서에 번쩍'한다고 말해도 되겠네요!

설쌤과 알아보자!

순무, 글루건, 구두주걱 **찾아라!**

으… 못 찾겠어!

내가 휴대폰을 어디 뒀더라!

아이고, **동분서주**하게 뭘 찾나 했더니….

고사성어를 소리 내어 읽으면서 써 보세요.

| 동 | 분 | 서 | 주 | 동 | 분 | 서 | 주 |
| 동 | 분 | 서 | 주 | 동 | 분 | 서 | 주 |

4장 상황

4장 상황 고사성어

문 전 성 시

| 門 문
문 | 前 앞
전 | 成 이룰
성 | 市 저자
시 |

무슨 뜻일까요?

속뜻 문 앞에 시장을 이룸.
시장을 이룰 정도로 찾아오는 사람이 아주 많음을 의미해요.

어떻게 만들어진 말이에요?

옛날에 중국 한나라에 정숭이라는 충신이 있었어. 어느 날 간신이 황제에게 "정숭의 집 앞에 시장이 생길 정도로 사람들이 많이 드나든다."라며 정숭을 모함했대. 간신의 말만 믿고 정숭을 의심하게 된 황제는 정숭을 옥에 가두었다고 해.
이 이야기에서 나온 말이야.

충신의 집이 **문전성시**를 이루고 있다는 말만 듣고 옥에 가두다니! 신중하지 못했네요.

설쌤과 알아보자!

체리, 핸드폰 충전기, 나뭇잎 찾아라!

쯧쯧, *세도가에 아부하려는 사람들로 **문전성시**로군. 말세다, 말세야.

*세도가: 정치적으로 권력을 휘두르는 사람 또는 그런 집안.

4장 상황

고사성어를 소리 내어 읽으면서 써 보세요.

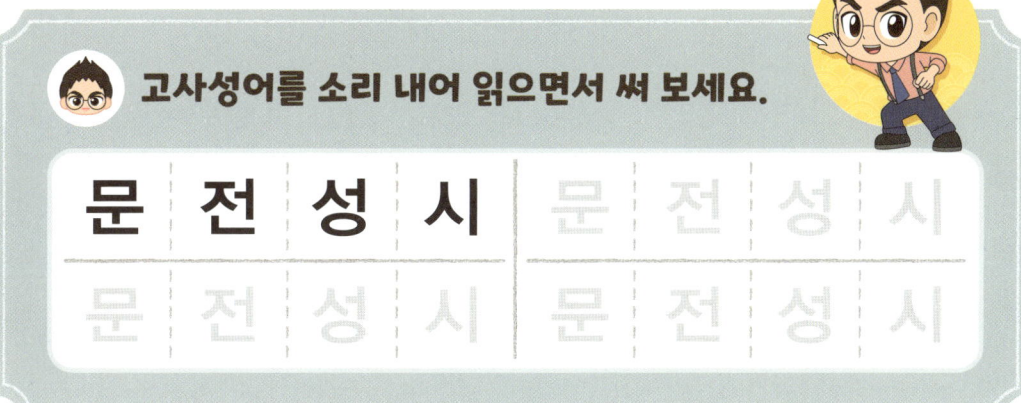

| 문 | 전 | 성 | 시 | 문 | 전 | 성 | 시 |
| 문 | 전 | 성 | 시 | 문 | 전 | 성 | 시 |

4장 상황 고사성어

백전백승

百 일백 백   戰 싸울 전   百 일백 백   勝 이길 승

무슨 뜻일까요?

속뜻 백 번 싸워 백 번 모두 이김.
적과 싸울 때마다 번번이 다 이기는 상황을 의미해요.

어떻게 만들어진 말이에요?

춘추시대에 손자가 〈손자병법〉에서 '적을 알고 나를 알면 백 번 싸워도 위태롭지 않다.'는 **'백전불태'**라는 말을 했어. 이 말이 변형되어 만들어진 고사성어란다.

백전불태라는 말에서 **백전백승**이라는 말이 만들어졌군요.

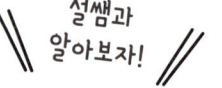

그래. 하지만 손자는 싸워서 이기는 것보다 싸우지 않고 이길 수 있는 방법이 있다면 그것을 따라야 한다고 했어.

병아리, 하이힐, 스패너 찾아라!

*이순신 장군님이 꼭 승리하셔야 할 텐데….

흣, 걱정 마. 이순신 장군님은 23전 23승, **백전백승**하셨단다.

*이순신: 조선 시대의 무신으로, 임진왜란 및 정유재란 당시 조선 수군을 지휘한 장군.

4장 상황

고사성어를 소리 내어 읽으면서 써 보세요.

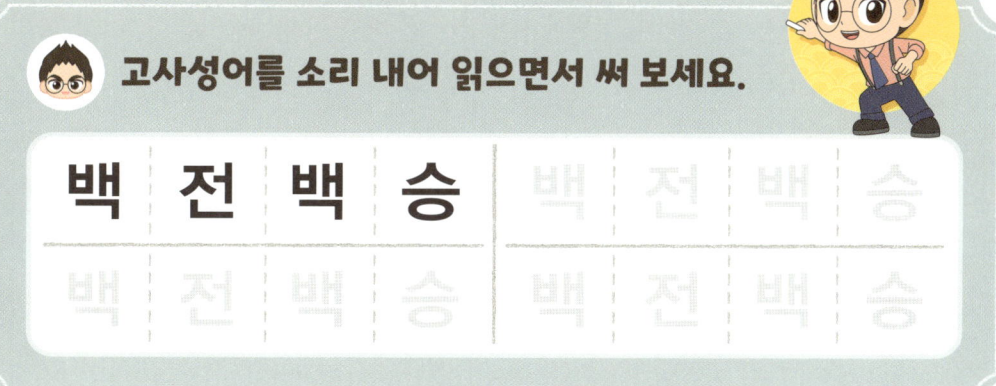

백	전	백	승	백	전	백	승
백	전	백	승	백	전	백	승

비일비재

非 아닐 비 一 한 일 非 아닐 비 再 다시 재

 무슨 뜻일까요?

속뜻 같은 현상이나 일이 한두 번이 아니고 많음.
매우 많이 있거나 흔함을 의미해요.

 언제 사용하는 말이에요?

 지각을 자주 하는 평강이를 보고 "평강이가 지각하는 일은 **비일비재**해."라고 말할 수 있어.

 비슷한 고사성어가 있나요?

 부지기수(不知其數)라는 고사성어가 있어. 그 수를 셀 수 없다는 뜻이야. 헤아릴 수 없을만큼 매우 많음을 표현할 때 사용해.

별이 가득한 밤하늘을 보면 별이 **부지기수**로 많다고 표현해야겠어요.

선인장, 면봉, 페인트 붓 찾아라!

*세종 대왕님이 책을 읽느라 밤 새우는 일이 **비일비재**하니, 옥체가 상하실까 걱정이구나.

나는 게임하느라 밤 새우는 일이 **비일비재**한데….

* 세종 대왕: 훈민정음을 창제한 조선 시대의 왕.

고사성어를 소리 내어 읽으면서 써 보세요.

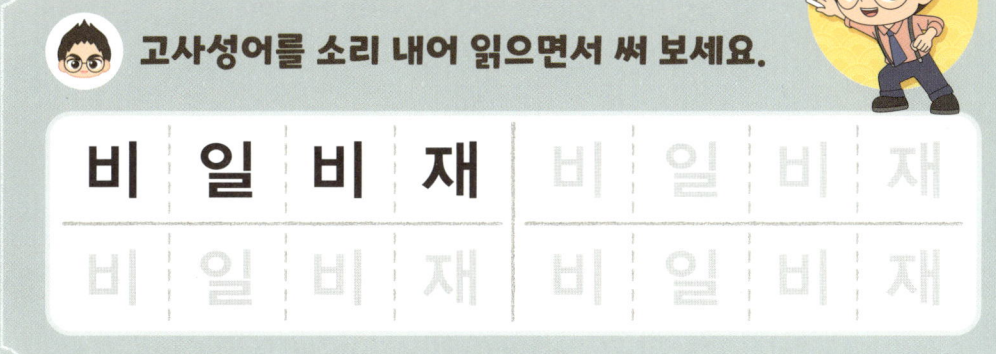

| 비 | 일 | 비 | 재 | 비 | 일 | 비 | 재 |
| 비 | 일 | 비 | 재 | 비 | 일 | 비 | 재 |

4장 상황

169

살신성인

殺 죽일 살　身 몸 신　成 이룰 성　仁 어질 인

무슨 뜻일까요?

속뜻 자신의 몸을 죽여 어진 일을 이룸.
옳은 일을 위하여 자기 몸을 바치는 것을 의미해요.

어떻게 만들어진 말이에요?

공자는 〈논어〉에서 "뜻 있는 선비와 어진 사람은 인을 해치면서까지 삶을 구하지 않고 자기 목숨을 바쳐 인을 행할 뿐이다."라는 말을 했어.
자신을 희생해서라도 옳은 일을 한다는 의미야.

이순신 장군님이 몸을 바쳐 나라를 지키는 모습을 보고 살신성인이 무엇인지 깨달았어요.

설쌤과 알아보자!

프레첼, 동전 지갑, 마법사 모자 **찾아라!**

하하하! 왕건을 제거했다!

*신숭겸 장군, 당신의 **살신성인**을 잊지 않겠소.

반드시 살아남아 대국을 이루리다!

*신숭겸: 고려 시대에 왕건과 갑옷을 바꾸어 입고 왕건 대신 전사한 장군.

4장 상황

고사성어를 소리 내어 읽으면서 써 보세요.

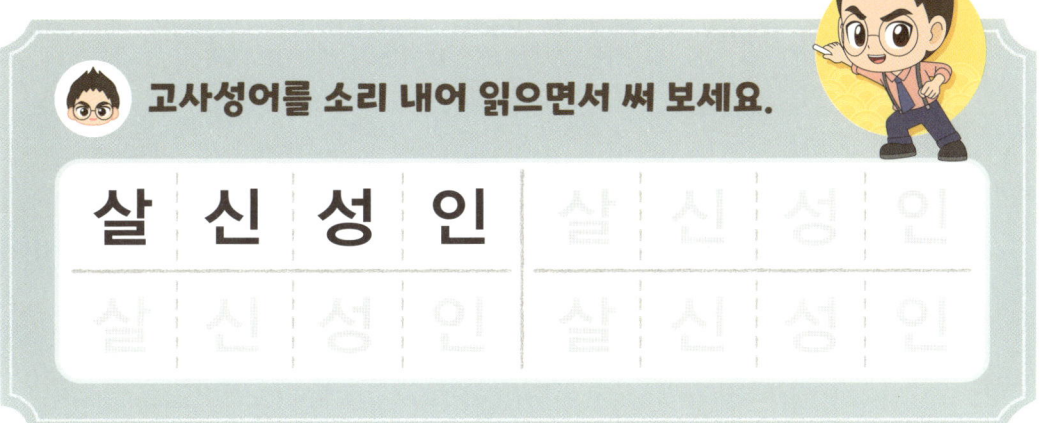

| 살 | 신 | 성 | 인 | 살 | 신 | 성 | 인 |
| 살 | 신 | 성 | 인 | 살 | 신 | 성 | 인 |

4장 상황 고사성어

속수무책

束 묶을 속 　 手 손 수 　 無 없을 무 　 策 꾀 책

무슨 뜻일까요?

속뜻 손이 묶여 있어 어찌할 방법이 없음.
아무런 방법이 없어 꼼짝 못함을 의미해요.

비슷한 고사성어가 있나요?

진퇴양난(進退兩難)이라는 고사성어가 있어. 나아갈 수도, 물러설 수도 없는 상황이라는 뜻이야. 어려운 문제를 해결할 방법이 없어 이러지도 저러지도 못하는 모습을 가리키는 말이란다.

엑스맨에게 **속수무책**으로 당할 때 "**진퇴양난**이야."라고 표현하면 되겠어요!

설쌤과 알아보자!

익선관, 마카롱, 밀대 걸레 **찾아라!**

으아악! 내 엑스론이 이렇게 **속수무책**으로 파괴되다니…!

고사성어를 소리 내어 읽으면서 써 보세요.

속	수	무	책	속	수	무	책
속	수	무	책	속	수	무	책

4장 상황 고사성어

승승장구

乘 탈 승   勝 이길 승   長 길 장   驅 몰 구

무슨 뜻일까요?

 싸움에 이긴 여세를 타고 계속 말을 몰아침.
승리의 기세로 계속 이김을 뜻해요.
계속 좋은 일이 많이 생기는 상황을 의미해요.

설쌤과 알아보자!

비슷한 속담이 있나요?

'되는 집안에는 가지 나무에 수박이 열린다.'라는 속담이 있어.
일이 잘 되려고 하면 뭘 해도 잘 된다는 의미란다.

축구 경기에서 계속 이길 때
"**승승장구**로 이기고 있어!
되는 집안에는 가지 나무에도 수박이 열린다더니!"라고 말할 수 있겠어요.

카메라, 복싱 글러브, 해바라기 씨 **찾아라!**

보아라! 떨어졌던 별이 다시 올라가고 있다.

이는 우리가 **승승장구**할 징조이니라!

와아-

*김유신 장군님, 만세!

*김유신: 신라의 삼국 통일 전쟁을 주도한 장군.

4장 상황

고사성어를 소리 내어 읽으면서 써 보세요.

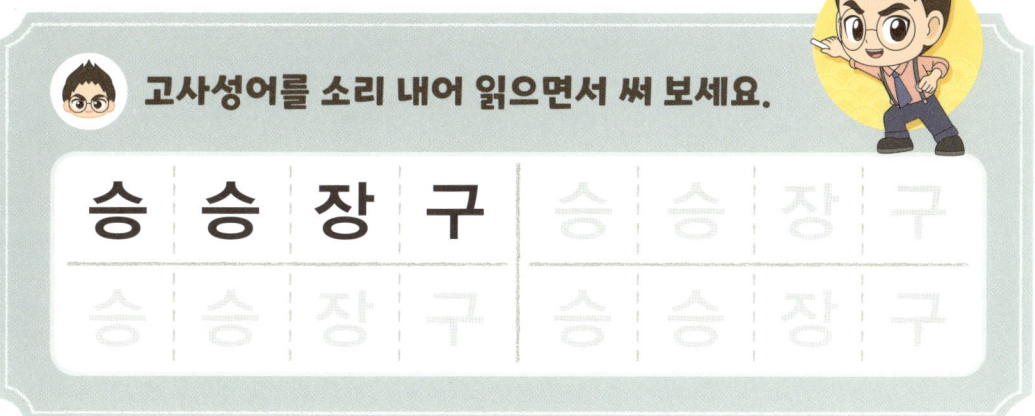

| 승 | 승 | 장 | 구 | 승 | 승 | 장 | 구 |
| 승 | 승 | 장 | 구 | 승 | 승 | 장 | 구 |

시종일관

始 처음 시 　終 끝마칠 종 　一 한 일 　貫 꿸 관

무슨 뜻일까요?

속뜻 처음부터 끝까지 일관되게 함.

처음부터 끝까지 한결같음을 의미해요.
자세나 의지가 변하지 않는 모습을 가리켜요.

비슷한 속담이 있나요?

꾸준한 의지에 대한 중요성을 알려주는 속담이 있어.
'**무쇠도 갈면 바늘 된다.**'라는 속담이야.
무쇠는 크고 단단한 쇠의 종류란다.
크고 단단한 무쇠를 갈아 작고 뾰족한 바늘을
만들기 위해서는 많은 노력이 필요하겠지.

어떤 어려운 일도 **시종일관** 꾸준히
노력하면 이룰 수 있다는 의미군요!

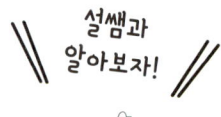

설쌤과 알아보자!

솥뚜껑, 땅콩, 요리사 모자 찾아라!

"분필을 당장 넘겨!"

"시종일관 남의 것을 빼앗을 궁리만 하는 자구나!"

4장 상황

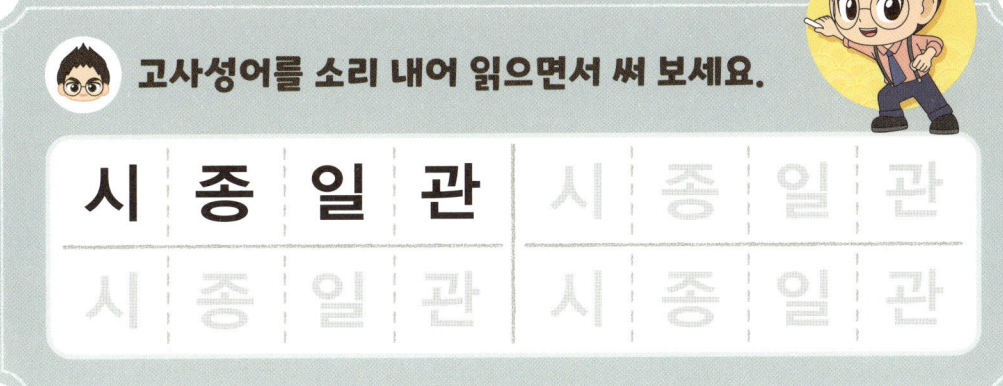

고사성어를 소리 내어 읽으면서 써 보세요.

| 시 | 종 | 일 | 관 | 시 | 종 | 일 | 관 |
| 시 | 종 | 일 | 관 | 시 | 종 | 일 | 관 |

4장 상황 고사성어

십중팔구

 十 열 십   中 가운데 중   八 여덟 팔   九 아홉 구

 무슨 뜻일까요?

속뜻 열 가운데 여덟이나 아홉 정도.
거의 대부분이거나 거의 틀림없음을 의미해요.

 언제 사용하는 말이에요?

'대부분, 틀림없이'라는 의미로 사용하면 돼.
"열심히 공부했으니 이번 시험은
십중팔구 잘 볼 거야."라고 할 수 있어.

 비슷한 속담이 있나요?

'**불 보듯 뻔하다.**'라는 속담이 있어.
불을 피우면 아주 밝아서 다 보이는 것처럼,
앞으로 일어날 일이 의심할 여지없이
아주 명백함을 의미해.

 저는 이번 시험에서 100점을 받을 것이
불 보듯 뻔해요!

설쌤과 알아보자!

동전, 클립, 닻 찾아라!

온달아, 이제 게임 안 하겠다고 했으니까 지금 게임 지울까? 어때?

음…, 그게….

십중팔구 못 지울걸?

4장 상황

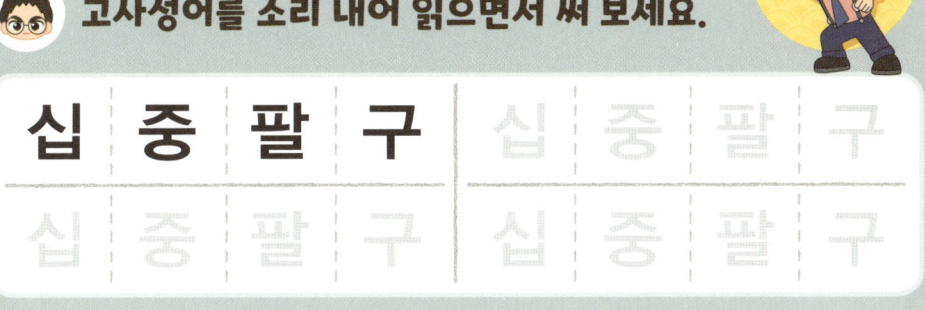

고사성어를 소리 내어 읽으면서 써 보세요.

| 십 | 중 | 팔 | 구 | 십 | 중 | 팔 | 구 |
| 십 | 중 | 팔 | 구 | 십 | 중 | 팔 | 구 |

4장 상황 고사성어

우 왕 좌 왕

右 오른쪽 우　往 갈 왕　左 왼쪽 좌　往 갈 왕

 무슨 뜻일까요?

속뜻 오른쪽으로 갔다가 다시 왼쪽으로 갔다 함. 이리저리 왔다 갔다 하며 나아갈 바를 정하지 못하는 모양을 의미해요.

 비슷한 속담이 있나요?

우왕좌왕은 일의 방향을 잘 잡지 못하는 상황이고, 일의 순서를 알지 못하는 상황을 표현한 속담이 있어. **'우물에 가 숭늉 찾는다.'** 라는 속담이야. 숭늉을 먹기 위해서는 우물에서 물을 떠오고 밥을 짓고 누룽지를 끓이는 여러 과정이 필요하거든.

 일의 순서도 모르고 성급하게 군다는 뜻이군요!

설쌤과 알아보자!

박스 테이프, 인삼, 빗 찾아라!

으악, 살려줘!

하하하! **우왕좌왕** 도망치는 꼴이 가관이네!

4장 상황

고사성어를 소리 내어 읽으면서 써 보세요.

| 우 | 왕 | 좌 | 왕 | 우 | 왕 | 좌 | 왕 |
| 우 | 왕 | 좌 | 왕 | 우 | 왕 | 좌 | 왕 |

우유부단

 넉넉할 우
 부드러울 유
 아닐 부
 끊을 단

무슨 뜻일까요?

속뜻 마음이 부드럽고 넉넉하지만 무언가 결단을 내리지는 못함.

어물어물 망설이기만 하고 딱 잘라 결단을 내리지 못함을 의미해요.

언제 사용하는 말이에요?

결정을 내려야 하는 일을 두고 망설이기만 하는 사람에게 "**우유부단**하게 굴다가 결정을 내려야 할 시기를 놓칠 수 있어."라고 말할 수 있어.

'쇠뿔도 단김에 빼라.'라는 속담을 말해 주어도 좋겠어요.

그래. 어떤 일이든 하려고 생각했을 때 망설이지 말고 행동해야 함을 알려줄 수 있는 속담이구나.

설쌤과 알아보자!

머리띠, 낫, 석류 찾아라!

오늘은 피자가 좋을 것 같아.

근데 치킨도 맛있겠다.

떡볶이도 먹고 싶은데….

우유부단하게 그러지 말고 빨리 정해. 한 시간째야!

4장 상황

고사성어를 소리 내어 읽으면서 써 보세요.

우	유	부	단	우	유	부	단
우	유	부	단	우	유	부	단

危 위태할 위　機 때 기　一 한 일　髮 머리털 발

무슨 뜻일까요?

속뜻 머리털 하나에 매달려 있어 곧 떨어질 것 같은 위기.

여유가 조금도 없는 몹시 위태로운 순간을 표현하는 말이에요.

비슷한 속담이 있나요?

'**독 안에 든 쥐.**'라는 속담이 있어. 여기서 독이란 음식을 담아두는 항아리를 말해. 독에 빠져 꼼짝없이 죽은 목숨인 쥐처럼 아무리 애를 써도 벗어날 수 없는 처지를 비유하는 말이야.

벗어날 수 없는 **위기일발**인 상황을 표현한 속담이군요.

설쌤과 알아보자!

*안중근: 일제강점기의 독립운동가.

고사성어를 소리 내어 읽으면서 써 보세요.

위 기 일 발 　위 기 일 발
위 기 일 발 　위 기 일 발

인과응보

因 까닭 인   果 열매 과   應 응할 응   報 갚을 보

무슨 뜻일까요?

속뜻 원인에 대한 결과가 마땅히 갚아짐.
과거 또는 전생에 지은 일에 대한 결과로,
뒷날의 길흉화복이 주어짐을 의미해요.
길흉화복은 길흉(운이 좋고 나쁨)과 화복(물건과 복)을 말해요.

어떻게 만들어진 말이에요?

 인과응보는 불교에서 유래된 고사성어란다.
원인과 결과에는 합당한 이유가 있다는
가르침을 주는 말이야.

 권선징악, 사필귀정과 비슷한 말이네요!

그래. 인과응보, 권선징악, 사필귀정의 뜻을
마음속에 새기며 선하게 살아야 해.

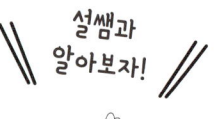

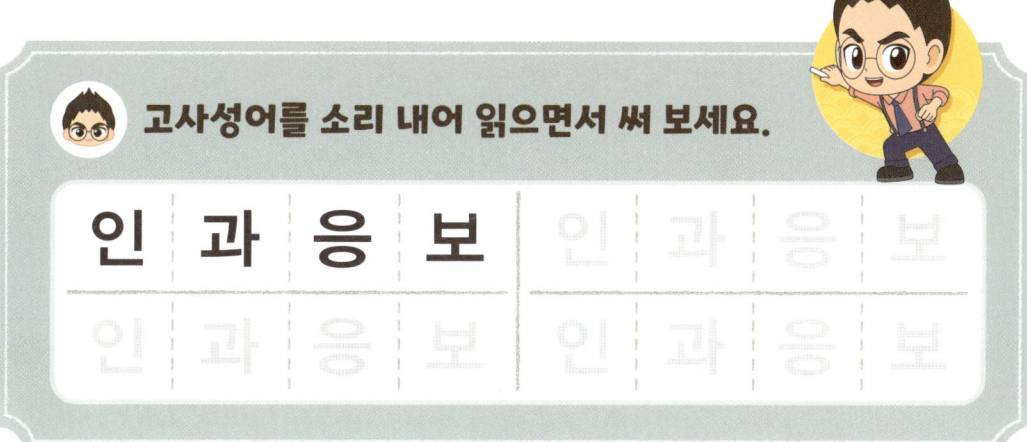

고사성어를 소리 내어 읽으면서 써 보세요.

| 인 | 과 | 응 | 보 | 인 | 과 | 응 | 보 |
| 인 | 과 | 응 | 보 | 인 | 과 | 응 | 보 |

일석이조

一 한 일　石 돌 석　二 두 이　鳥 새 조

무슨 뜻일까요?

 하나의 돌로 두 마리의 새를 잡음.
한 번의 노력으로 여러 효과를 얻음을 의미해요.

설쌤과 알아보자!

비슷한 속담이 있나요?

'꿩 먹고 알 먹는다.'라는 속담이 있어. **일석이조**처럼 한 가지 일로 두 가지 이상의 이익을 보게 됨을 이르는 말이란다.

'도랑 치고 가재 잡는다.'라는 속담도 있잖아요!

그래. 도랑은 작은 개울인데, 작은 개울을 만들려고 돌을 옮기다가 숨어 있던 가재까지 잡았다는 말이야.

쪽지, 튤립, 도토리 **찾아라!**

오호라~, 한 번의 제압으로 분필도 얻고 공주의 목걸이까지 얻다니 **일석이조**로군.

4장 상황

고사성어를 소리 내어 읽으면서 써 보세요.

| 일 | 석 | 이 | 조 | 일 | 석 | 이 | 조 |
| 일 | 석 | 이 | 조 | 일 | 석 | 이 | 조 |

작 심 삼 일

 지을 작　 마음 심　 석 삼　 날 일

무슨 뜻일까요?

속뜻 마음으로 지은 것이 삼일을 넘기지 못함.
결심이 오래 가지 못함을 이르는 말이에요.

어떻게 만들어진 말이에요?

조선 중기의 명재상 유성룡은 역리(하급 관리)에게 마을에 공문을 발송하라고 지시했어. 유성룡은 3일 뒤 생각이 바뀌어 공문을 다시 가져오라고 했대. 그런데 역리가 가지고 있던 공문을 바로 가져 왔어.

역리는 공문을 발송하라는 지시를 따르지 않았네요!

유성룡이 역리를 꾸짖자, "3일 뒤에 고치실 것을 예상했습니다."라고 대답했다고 해.
여기서 나온 말이 **작심삼일**이야.

설쌤과 알아보자!

물감, 마법 물약, 지렁이 찾아라!

이리 줘!

공부할 때는 휴대폰 안 보겠다며? **작심삼일**이야?

4장 상황

고사성어를 소리 내어 읽으면서 써 보세요.

| 작 | 심 | 삼 | 일 | 작 | 심 | 삼 | 일 |
| 작 | 심 | 삼 | 일 | 작 | 심 | 삼 | 일 |

191

4장 상황 고사성어

좌충우돌

 왼쪽 좌   부딪칠 충   오른쪽 우   부딪칠 돌

무슨 뜻일까요?

속뜻 왼쪽에 부딪쳤다가 다시 오른쪽에 부딪침.
이리저리 닥치는 대로 부딪침을 의미해요.
아무에게나 또는 아무 일에나 함부로 맞닥뜨리는 모습이에요.

비슷한 속담이 있나요?

'서울 가서 김 서방 찾는다.'라는 속담이 있어.
넓은 서울에서 이름도 주소도 모르고
막연하게 김 서방을 찾는 모습을 표현한 말이야.

잘 알지 못하는 것을 **좌충우돌**로 찾아다니는
모습을 보고 쓸 수 있는 속담이네요.

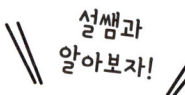

못, 장어, 물티슈 찾아라!

"여행에서 **좌충우돌**은 귀여운 덤 같은 거야."

"으…, 역사 여행을 한다더니 매번 이게 뭐예요?"

4장 상황

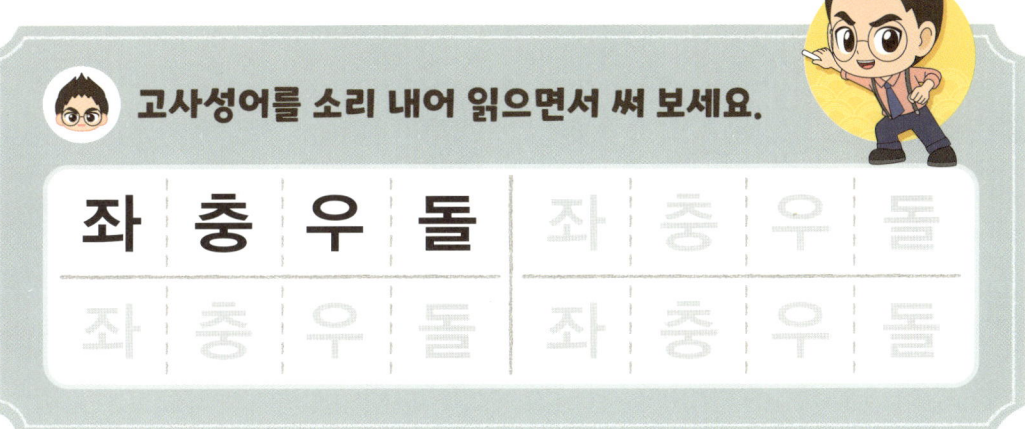

고사성어를 소리 내어 읽으면서 써 보세요.

| 좌 | 충 | 우 | 돌 | 좌 | 충 | 우 | 돌 |
| 좌 | 충 | 우 | 돌 | 좌 | 충 | 우 | 돌 |

호의호식

好 좋을 호　衣 옷 의　好 좋을 호　食 먹을 식

무슨 뜻일까요?

속뜻 좋은 옷을 입고 좋은 음식을 먹음.
잘 입고 잘 먹음을 의미해요.
남부러울 것 없이 풍요롭게 사는 모습을 말해요.

비슷한 속담은 무엇이 있을까요?

'더도 말고 덜도 말고 한가윗날만 같아라.'
라는 속담이 있어.
한가윗날은 추석으로, 온갖 곡식이 익는 계절인 만큼 모든 것이 풍성하고 즐거운 놀이를 하며 지내는 날이지. 잘 먹고 잘 입고 편히 살기를 바란다는 의미야.

매일 한가윗날처럼 **호의호식**하면 좋겠어요!

설쌤과 알아보자!

크루아상, 나비, 알약 찾아라!

내 부마가 되면 **호의호식**할 수 있어. 어때?

그래? 그럼 부하할래.

4장 상황

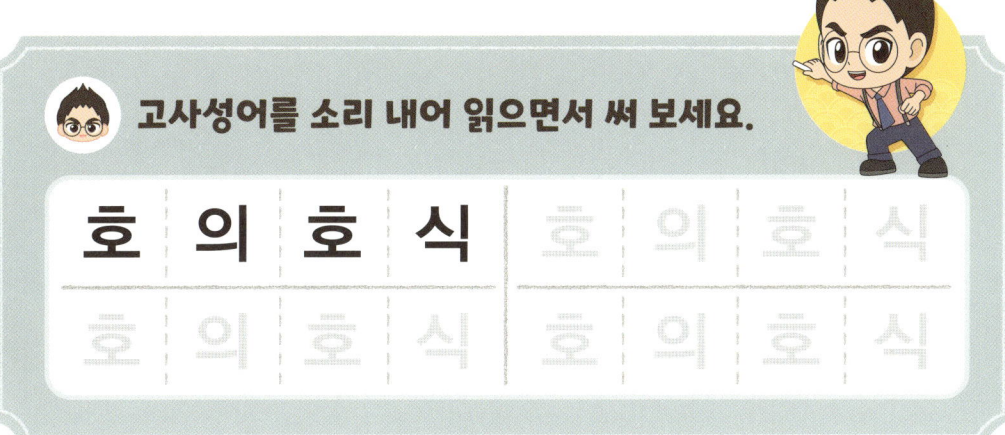

고사성어를 소리 내어 읽으면서 써 보세요.

| 호 | 의 | 호 | 식 | 호 | 의 | 호 | 식 |
| 호 | 의 | 호 | 식 | 호 | 의 | 호 | 식 |

고사성어 짝 맞추기!

게임 방법

고사성어와 설명이 적힌 족자가 찢어졌어요. 고사성어와 맞는 설명을 찾아 선으로 이어요.

힌트! 족자에 위인과 연관된 그림이 있어요.

세종대왕

개과천선
改過遷善

거북선

성공을 거둔 후 고향으로 돌아옴.

단군왕검

구사일생
九死一生

훈민정음

지난 잘못을 뉘우치고 옳은 길로 들어섬.

이순신

금의환향
錦衣還鄕

마늘과 쑥

죽을 고비를 여러 차례 넘기고 겨우 살아남.

고사성어를 다시 확인하자!

| 개과천선 150쪽 | 구사일생 156쪽 | 금의환향 158쪽 |
| 백전백승 166쪽 | 일석이조 188쪽 | 작심삼일 190쪽 |

백전백승
百戰百勝

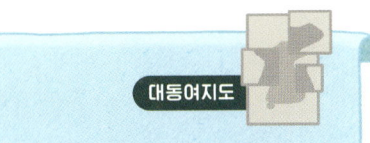

한 번의 노력으로 여러 효과를 얻음.

작심삼일
作心三日

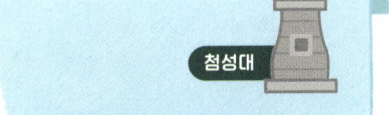

결심이 오래 가지 못함을 이르는 말.

일석이조
一石二鳥

적과 싸울 때마다 번번이 다 이기는 상황.

➡ 답은 207쪽

4장 상황

숨은 그림 찾기 정답!

9쪽

11쪽

13쪽

15쪽

17쪽

19쪽

21쪽

23쪽

25쪽

숨은 그림 찾기 정답!

55쪽

57쪽

59쪽

61쪽

63쪽

65쪽

67쪽

69쪽

71쪽

숨은 그림 찾기 정답!

숨은 그림 찾기 정답!

143쪽

145쪽

151쪽

153쪽

155쪽

157쪽

159쪽

161쪽

163쪽

숨은 그림 찾기 정답!

189쪽

191쪽

193쪽

195쪽

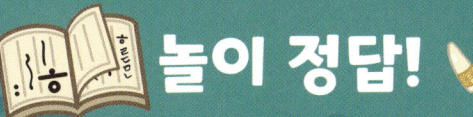

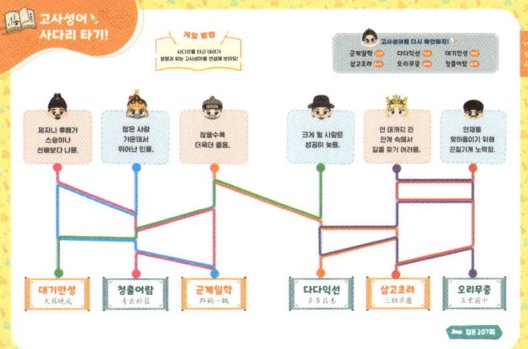

찾아보기

ㄱ
- 가담항설　100
- 각주구검　8
- 감언이설　102
- 감지덕지　104
- 개과천선　150
- 결초보은　10
- 경거망동　152
- 고군분투　154
- 고진감래　52
- 과유불급　12
- 구사일생　156
- 군계일학　14
- 권선징악　54
- 극악무도　106
- 근묵자흑　56
- 금석지교　58
- 금시초문　108
- 금의환향　158
- 기고만장　160
- 기상천외　110

ㄴ
- 난형난제　16
- 내유외강　112
- 노발대발　114
- 노심초사　116

ㄷ
- 다다익선　18
- 단도직입　118
- 대기만성　20
- 대성통곡　120
- 동고동락　60
- 동문서답　122
- 동분서주　162
- 동상이몽　62

ㅁ
- 마이동풍　22
- 망연자실　24
- 무릉도원　26
- 문전성시　164

ㅂ
- 박장대소　124
- 박학다식　64
- 백전백승　166
- 붕우유신　66
- 비일비재　168

ㅅ
- 사필귀정　68
- 살신성인　170
- 삼고초려　28

(cont.)
- 새옹지마　30
- 설상가상　70
- 설왕설래　126
- 소탐대실　72
- 속수무책　172
- 승승장구　174
- 시종일관　176
- 십중팔구　178

ㅇ
- 안하무인　32
- 어부지리　34
- 역지사지　74
- 오리무중　36
- 온고지신　76
- 우왕좌왕　180
- 우유부단　182
- 위기일발　184
- 유구무언　128
- 유비무환　78
- 유유상종　80
- 이구동성　130
- 이심전심　132
- 이열치열　82
- 인과응보　186
- 일거양득　38
- 일석이조　188

(cont.)
- 일취월장　84
- 일편단심　134
- 일희일비　86

ㅈ
- 자업자득　88
- 자포자기　40
- 자화자찬　136
- 작심삼일　190
- 조삼모사　42
- 좌불안석　138
- 좌충우돌　192
- 죽마고우　90
- 중구난방　140

ㅊ
- 천고마비　92
- 청출어람　44

ㅍ
- 팔방미인　94

ㅎ
- 학수고대　142
- 함흥차사　46
- 호의호식　194
- 희로애락　144

한국사의 한 장면으로 들어가 직접 보고 듣고 느끼는 생생한 역사 이야기!

설민석의 가장 쉬운 한국사

1. 역사를 바꾼 사건 편

> "최고의 스토리텔러 설민석 선생님과 함께 하는 역사 여행. 생생한 역사의 현장에서 직접 만나는 인물과 사건들, 흥미와 상상력을 높여 주는 알찬 만화들. 책의 제목을 자신 있게 '가장 쉬운 한국사'라 할 수 있는 까닭입니다. 한국사의 흐름을 정리한 연표와 생동감 있는 삽화들로 책을 펼치는 순간부터 역사적 사실이 쏙쏙 머릿속에 들어오는 책. 아이들에게 가장 가깝고 친숙한 한국사 길잡이가 되어 줄 것입니다."
>
> — 건국대학교 사학과 **신병주** 교수

글 **김지균** | 그림 **이연·김민재** | 감수 **단꿈아이**

재미있는 만화로 흥미를 UP!

생생한 이야기로 전해 듣는 한국사!
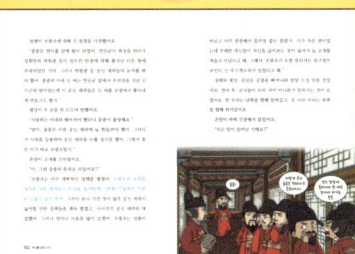

연표로 주요 사건들을 한눈에 파악!
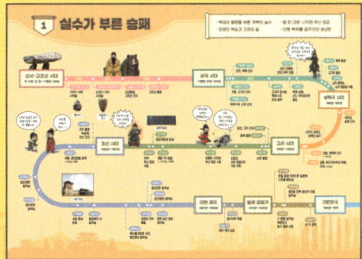

핵심 문제로 한국사 실력 다지기!
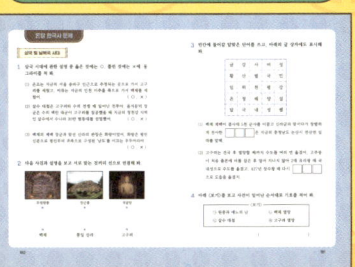

풍부한 시각 자료를 활용한 알짜배기 정보 페이지!

©Dankkumi

구입 문의: 02-791-0752 (출판마케팅)

서울문화사